心理学超全史 下

～年代でたどる心理学のすべて～

ウェイド・E・ピックレン＝著
川口 潤＝監訳 大森佳子・久米佑天＝訳

NEWTON PRESS

Books by Wade E. Pickren

A History of Modern Psychology in Context, with Alexandra Rutherford
Portraits of Pioneers in Developmental Psychology, edited with D. A. Dewsbury and Michael Wertheimer
Internationalizing the Psychology Curriculum in the United States, edited with F. T. L. Leong, A. J. Marsella, and M. M. Leach
Psychology and the Department of Veterans Affairs, with Rodney Baker
Psychology and the National Institute of Mental Health, edited with S. F. Schneider
Evolving Perspectives on the History of Psychology, edited with D. A. Dewsbury

Originally published in 2014 in the United States by Sterling Publishing Co., Inc.
under the title The Psychology Book: From Shamanism to Cutting-Edge Neuroscience,
250 Milestones in the History of Psychology.
This edition has been published by arrangement with Sterling Publishing Co., Inc.
122 Fifth Avenue, New York, NY 10011 through Tuttle-Mori Agency, Inc., Tokyo.

心理学超全史㊦
〜年代でたどる心理学のすべて〜

1946年

ロゴセラピー

ヴィクトール・フランクル（1905～1997）

神経学者で精神科医のヴィクトール・フランクルは1942年，妻と両親，兄弟とともにナチスの強制収容所へと送還されます。生き残ったのは彼と妹だけでした。フランクルは，アウシュビッツやダッハウなど４カ所の収容所を転々としました。強制収容所に入れられたほとんどの人々と同様に，フランクルは数多くの恐怖を体験し，人間がいかに非人道的になり得るかを目の当たりにしました。また，強制収容所では深い思いやりと寛大な行為も経験し，目撃しました。強制収容所からようやく解放されると，フランクルは何度も過酷な体験を味わったにもかかわらず，人間にとって何が最も大切かを深く理解するようになりました。彼は実体験に基づき，人間の存在についての基本的な探求とは意味を模索することだと考えます。最も広く読まれている代表作『夜と霧』（1962年）は，1946年にオーストリアで最初に出版されました（初の英語版は1959年に刊行され，『From Death-Camp to Existentialism』と題されました）。現在までの同書の売れ行きは1200万部以上です。

フランクルはウィーンで学び，ウィーン大学で医師免許を取得しました。彼は学生時代に，精神分析医ジークムント・フロイトとヴィルヘルム・ライヒの影響を受けます。戦時中の体験は，**精神分析**とアドラーの個人心理学に続く，ウィーンにおける三つ目の心理療法の開発につながりました。その実存主義的なアプローチを，ギリシア語で「意味」を意味する「ロゴ」セラピーと名づけました。ロゴセラピーの基本原則は，（1）意味を探ることは人間の最も基本的な欲求である，（2）どんなに困難な状況でも，人生には常に意味がある，（3）人間には意味を見いだす自由がある，の三つです。

意味は主に，行動を通して意味づけをする，他者との関係を通じて意味を見いだす，避けられない苦しみに対処する姿勢を通じて意味を悟る，という三つの方法で見いだすことができます。フランクルはさらに，人生に苦しみはつきものである一方，人間の悲劇は人生にとって意味あるものへと転換できると主張しました。ロゴセラピーはポジティブな力をもたらし，状況を変化させるだけでなく，人生に対する姿勢を変える一助になると信じていたのです。

参照：精神分析（1899年），家族療法（1950年），認知療法（1955年）

ベルリンのホロコースト記念碑。ナチスの死の収容所で非人道的な扱いを受けるなかで，ヴィクトール・フランクルは深い思いやりを目の当たりにしました。これがロゴセラピーの開発につながったのです。

1947年

クライアント中心療法

カール・ロジャーズ（1902〜1987）

カール・ロジャーズのクライアント中心（または，のちの人間中心）療法は，第二次世界大戦後の25年間でアメリカ心理学界に現れた**人間性心理学**の「第三勢力」の一つで，現代心理学の発達に影響を及ぼしました。ロジャーズは信仰心の厚い家庭で育ち，心理学に転向する前は神学を勉強していました。キャリアの初期には，子どものセラピーを通じ，養育と良好な環境が健全な心理的発達にきわめて重要だという仮説を導き出します。彼はセラピーのプロセスを綿密に研究し，共感，調和，誠実，無条件の肯定的配慮がセラピストの重要な変数だと唱えます。何が自分のためになるかを判断できる能力を誰もが内に秘めていますが，この内なる能力は日常生活における困難により埋没してしまうおそれがある，とロジャーズは主張しました。たとえば，自分にとって大切な人が生活と行動に特定の制約を設け，愛と受容に条件づけすると，それが心理的成長を阻害する可能性があります。セラピストの仕事とは，治療を通じてこのような価値の条件づけを取り払った関係を築き，クライアントの成長のためになる内なる能力を回復させることなのです。

ロジャーズはクライアント中心療法の基本原則を1947年に詳説したのち，実際の症例にこの原則を応用することについて長期間にわたり調査しました。クライアント中心療法の影響力は重要ですが，現在では当初のやり方で実践されることはめったにありません。心理療法の研究により，あらゆるタイプのセラピーを成功させる共通の要素があることがわかったからです。それらの要素は当然ながら，ロジャーズが説明したものに酷似していました。現在，ほぼすべてのセラピストが，どんな手法を用いるかにかかわらず，セラピーを成功に導くために熱心な聞き手になり，クライアントの言葉を適切に振り返り，共感を示すように訓練されています。

ロジャーズは人が完全に自分の能力を活かせるよう全力で支援し，個性，自己決定，人としての強さを信じました。それらは，ポジティブ心理学をはじめとする現代の運動にも息づいています。

参照：欲求階層（1943年），ロゴセラピー（1946年），認知療法（1955年），人間性心理学（1961年）

カール・ロジャーズの写真

1948年

自己成就的予言

ロバート・K・マートン（1910～2003）

第二次世界大戦後の10年間，都市部と郊外で住宅をもつ白人のほとんどは，アフリカ系アメリカ人が近所に越してくることを不安視していました。このため，実際に黒人の家族が近所に転居してくると，多くの白人はすぐに市場価格を下回る価格で持ち家を売りました。黒人の隣人のせいで，自分たちの家の資産価値が下がるのを心配したからです。社会科学者のロバート・K・マートンは1948年に，これを「自己成就的予言」の一例とみなしました。なぜならマートンが指摘したとおり，恐れていた事態を実際に招いたものは，白人の住宅所有者の不安感だったからです。

社会学者のW・I・トーマスは20世紀初頭に，「人が，ある状況を現実だと定義するなら，それは結果として現実になる」と述べました。戦後，マートンは自己成就的予言を説明する際にこの名言を引き合いに出しました。しかし，その概念と原則は，はるか古代のギリシアからインドに至るまで，西洋と東洋の両文明の歴史上で何千年にもわたり認識されてきました。甥の一人が自分を殺すという神託をおじのカンサが聞いたのち，甥のクリシュナに本当に殺される物語。息子に殺されると予言者に告げられ，自分を捨てた父ライオスをエディプスが殺す物語。そのほかにも，歴史的にさまざまな自己成就的予言の例があります。

この概念の根底には，認識と期待の心理的プロセスが存在します。出来事，他者，自分自身の認識の仕方は，人の反応に著しい影響を及ぼします。これが転じて，出来事の結果や他者の反応に直接影響を及ぼす可能性があります。ステレオタイプ脅威の研究，またはステレオタイプを当てはめるようなやり方で人が行動するかもしれない恐怖でわかるように，ステレオタイプはある意味で自己成就的予言の派生型として機能する可能性があります。たとえば，試験で人種を記入するよう求められると，アフリカ系アメリカ人の生徒は人種を記入する必要がないときよりも，試験の成績が下がりました。数学の試験を受ける前に，女子生徒に性別を記入するよう求めた場合も似たような反応が見られます。

参照：接触仮説（1954年），ロバーズ・ケーブ実験（グループ間の葛藤，1954年），ステレオタイプ脅威（1995年）

パーンドゥの王子アルジュナ（写真左）が，いとこで味方でもあるクリシュナ（写真右）とプラバス・クシェートラで出会う場面を描いた絵。ヒンドゥー教の叙事詩『マハーバーラタ』より。クリシュナがおじのカンサを殺すという予言は，エディプスの自己成就的予言に対応しています。

1948年

神経可《か》塑《そ》性《せい》

イェジー・コノルスキー（1903～1973）

アレクサンダーは4歳ですが，英語，スペイン語，ギリシア語を流暢《りゅうちょう》に話します。彼が生まれると父親はスペイン語で，母親はギリシア語で話しかけましたが，英語に関してはアレクサンダーが保育所で覚えました。アレクサンダーや，同様の経験があるほかの子どもたちが言語能力に長けていることは珍しくありません。科学者と親たちは長い間，子どもの学習スピードの速さを目の当たりにしてきました。これは，生後最初の10年ほどの脳はきわめて柔軟で可塑性が高く，経験を通じて新しい神経結合を絶えず増やしているためです。ポーランドの神経科学者イェジー・コノルスキーは1948年に，この点について初めて言及しました。この可塑性は思春期のある時点で終わるため，成人の脳は柔軟性が失われ，大きな変化は起こらないと長らく考えられていました。ところが，1990年代以降の研究で，実際には成人の脳にもかなりの可塑性があることが判明しました。新しいことを学ぶにつれて脳は変化します。学ぶうちに，学習に関係する神経結合が強化されます。神経科学者は，実際の脳の構造とその組織化の仕組みの両方が経験によって変化すると主張しています。

このようなことが可能になるのは，脳神経同士の結合が使われ方次第で常に変化するためです。その他の主な概念としては，大脳皮質における感覚系と運動系の組織化が挙げられます。身体からの感覚入力は体性感覚野と呼ばれる脳の部位に伝わりますが，出力（反応）は一次運動野から生じます。

これらの脳の構成部分は経験次第で変化し，再組織化されることが研究でわかりました。盲目のボランティアを参加者とした触覚での識別に関する研究では，通常は晴眼者《せいがんしゃ》の視覚的刺激だけに反応する視覚野が，参加者の脳内で変化していることが示されました。科学者は現在，常に変化する経験に適応するにつれて，人間の脳は生涯にわたり可塑性を維持できると考えています。

参照：脳イメージング（1924年），分離脳の研究（1962年），BRAINイニシアチブ（2013年）

人生経験に基づき，脳の神経結合は成人になっても再組織化を続けることが研究で示されています。

1948~1953年

キンゼイ報告

アルフレッド・キンゼイ（1894～1956）

アメリカ史上で最も広く議論を呼んだ書籍といえば，間違いなくキンゼイ報告と呼ばれる『人間に於ける男性の性行為』（1948年）と『人間に於ける女性の性行為』（1953年）の2冊でしょう。どちらも人間の情熱に関する報告書で，激しい情熱を呼び起こしました。キンゼイは昆虫学者としての教育を受け，スズメバチについて科学的に研究したときと同じ熱心さで，性行動に関する研究に没頭したのです。

セクシャリティを系統的に研究したアメリカ人学者は，キンゼイが初めてではありません。1920年代には，ロックフェラー財団が性の問題に関する研究委員会を支援すべく，アメリカ学術研究会議に資金をひそかに投じていました。この委員会は25年以上にわたり，性にまつわる調査を広範に実施しましたが，多くの人がキンゼイ報告のことをアメリカ人の性的規範に対する挑戦とみなしました。

キンゼイ報告がこれほど物議をかもし，混乱を生じさせたのはなぜでしょうか。第一に，同性愛の性行動が，従来考えられていたよりも広まっていることを示したからです。これは，同性愛者が一般的になったという意味ではなく，むしろ時間が経つにつれて，同性愛も含めた性的行動の実践が多様化したことを指します。キンゼイはこの点で，リサ・ダイヤモンドによる性的流動性（2008年）の研究を予期していたといえます。キンゼイの結論は，インタビューとキンゼイ指標として知られるようになったものに基づいていました。この指標では，0は異性愛のみを，6は同性愛のみを意味します。この指標を用いたところ，20歳から35歳までの約12%の男性と約11%の女性が，自らの性的行動を3と評価しました。すなわち，異性愛の行動と同性愛の行動が同等であることを示しています。男性の約半分が，両方の性別の人に対して性的興奮を覚えたと報告しました。マスターベーションは男女共通の習慣であることもわかりました。

キンゼイはこの報告でよきも悪しきも注目を集めました。彼の研究の多くは，1960年代以降の性の革命を予見していたのです。

参照：性の精神病理（1886年），人間の性反応（1966年），性的流動性（2008年）

ヒエロニムス・ボスが描いた『快楽の園』（1480～1490年頃）。裸身の男女によるさまざまな性的なやり取りを描いています。

1949年

ビッグ・ファイブ・パーソナリティ特性

ドナルド・フィスク（1916～2003）

人格の特性に関する理論の展開において，古代の**体液説**が装いを新たにして20世紀に復活しました。心理学で特性という用語は，生涯変わらない個人の思考と行動のパターンを意味します。では，特性はどのように判定されるのでしょうか。一般的な方法の一つは語彙《ごい》論的仮説の理論に従うというもので，人格に関する説明は文化ごとの言語のなかに符号化されているとみなします。その言葉が解読されると，次に因子分析と呼ばれる複雑な統計技術を用いて，要因またはグループごとにそれらのまとまり方を検出します。1949年には，心理学者のドナルド・フィスクが人間の人格を説明する五つの基本的要因が存在すると初めて主張します。皮肉なことに，後年のフィスクはほかの人格研究者による自分の研究の解釈に激しく反論しました。

五つの基本的要因という概念は1960年代に再び話題になりましたが，1980年代になってようやく「ビッグ・ファイブ（Big Five）」という現在の形に発展しました。心理学者のポール・コスタとロバート・マクレーが1976年に発表したとおり，人間の人格は経験への開放性（openness to experience），誠実性（conscientiousness），外向性（extraversion），協調性（agreeableness），神経症傾向（neuroticism）という，わずか五つの広い意味をもつ用語（頭文字はOCEAN）で説明することができます。これに関連する人格検査にはNEO人格目録修正版（NEO-PI-R:Revised NEO Personality Inventory）があり，Nは「神経症傾向」，Eは「外向性」，Oは「経験への開放性」を表します。各要因は，たとえば次のように説明できます。経験への開放性が高得点の人は知的好奇心が旺盛で，誠実性が高評価された人は責任感が強く，外向性が高得点の人は行動指向であり，協調性が高得点だとつき合いやすい人とみなされます。最後に，神経症傾向に関しては，高得点の人は心配性で，低得点の人には落ち着きがあります。一部のビッグ・ファイブの特性は，特定の文化（とりわけ対人関係をはじめ，その他の要因も重要だと研究で示されている文化）では存在せず，文化間の違いなどほかの要因も重要だといえます。

参照：ミネソタ多面的人格目録（MMPI:Minnesota Multiphasic Personality Inventory, 1940年）

博物学者ビュフォン伯ジョルジュ＝ルイ・ルクレールが著した『博物誌』第２巻（1749年）には，銅版画による大判挿絵８番『人間の感情と表情』が掲載されています。

Fig. 2.

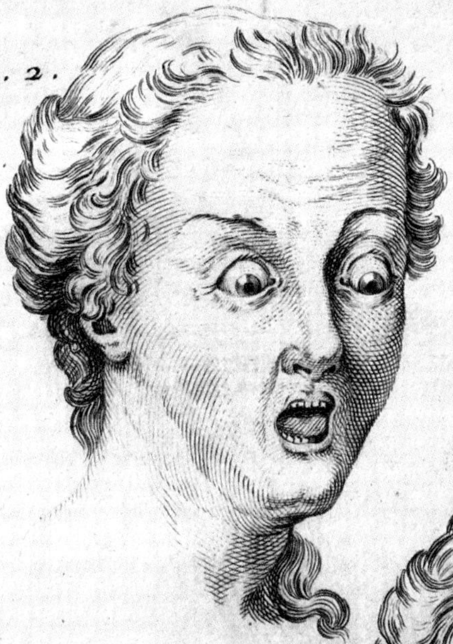

Fig. 1.

Fig. 3.

Fig. 5.

Fig. 4.

1949年

千の顔をもつ英雄

ジョーゼフ・キャンベル（1904〜1987）

神話学は，現代心理学のインスピレーションの源泉といえるものです。ジークムント・フロイトは古代文明の発掘物から影響を受け，精神の考古学的モデルを用いて意識の層（無意識，前意識，意識）を説明しようと試み，人格形成における難関をエディプスの神話になぞらえて考えました。カール・ユングは，フロイト以上に神話の研究に心血を注ぎました。比較神話学をもとに集合的無意識と**元型**の概念を発展させ，神話の時代に言及しながら，夢は人がバランスを保つのに役立つと述べたのです。

神話学者で作家のジョーゼフ・キャンベルはフロイトを研究し，特にユングに傾倒しました。フロイトとユングのみならず，その他さまざまな資料，自らの比較神話学の研究に基づき，キャンベルは心理的発達における神話学の役割をどの作家よりも明快に詳説しました。

英雄の旅は，キャンベルの作品における中心的な概念です。ユングよりも明確に世界中の神話を読み解いたキャンベルは，多様な物語のなかに英雄という中心的主題を見いだしました。英雄が旅する目的は，本質的な現実や人生の真実を探求するためです。1949年に出版された『千の顔をもつ英雄』のなかで，キャンベルはこの旅について次のように述べました。

> 英雄は日常の世界を飛び出し，神秘的な不思議に満ちた世界へと冒険に旅立つ。そこで強大な力を持つ敵に遭遇し，戦いを挑み，ついには完膚なきまでに打ち負かす。そして仲間に恩恵をもたらす力を携え，不可思議な冒険から帰還する。

キャンベルは，世界中の神話学でこの物語を繰り返し発見します。ここで言う英雄とはブッダ，イエス，プロメテウス，あるいは地方の神だったりします。物語はその文化圏ごとの表現で語られますが，中核にある真実は皆同じです。すなわち日常的な規範から離れ，力の源を明らかにする旅，そして変革をもたらす帰還です。キャンベルは，これらが心理学成長と人生を充実させるための基本的真実だと位置づけました。

参照：精神分析（1899年），ユング心理学（1913年），トランスパーソナル心理学（1968年）

フランク・W・W・トップハムが描いた『Voyage of King Arthur and Morgan Le Fay to the Isle of Avalon（アヴァロン島へと向かうアーサー王とモーガン・ル・フェイ）』（1888年）。「自然を超越した不思議の領域」を目指したアーサー王の旅は，その他さまざまな神話の英雄や半歴史的な英雄の旅と相通ずるものがあります。

1950年

ストレス

ハンス・セリエ（1907～1982）

古代の**体液説**から2回の世界大戦のはざまの時期に萌芽《ほうが》した**心療内科**に至るまで，感情が身体的健康に重要な役割を果たすという考え方は古くから見られます。ハンガリーの内分泌科医だったハンス・セリエはモントリオールへ移住後，ストレス，健康，疾患との間の関係性をモデル化しました。これは，20世紀で最も影響力のある医学理論の一つといわれます。ネズミを用いた実験で新しいホルモンの発見を試みたところ，セリエはネズミがさまざまな内臓へのダメージを含む一連の症状を発症していたことに気づきます。これらの症状は，すべて視床下部・下垂体・副腎系と関わりがありました。彼はその原因を説明する際に，エンジニアリングの分野からストレスという用語を借用しました。1950年の著書『The Physiology and Pathology of Exposure to Stress（ストレスへの曝露の生理学と病理学）』は，ストレスと疾病の関係を初めて詳述したものです。

セリエは20年近くにわたり，ストレスがどのように身体的不調につながる可能性があるかを研究しました。彼が提唱した汎適応《はんてきおう》症候群（GAS:General Adaptation Syndrome）というモデルは，生物が異変に順応して正常な機能に戻ろうとするなか，多くの出来事が生物の全身性の反応を引き起こすストレス要因になり得ることを示しています。生物の防御能力が働くと，まず視床下部が反応します。これが副腎の活性化につながり，副腎皮質ホルモンが分泌されます。これがもとで，生物がもとのバランスを取り戻すことができない場合，さまざまな健康問題が引き起こされるのです。セリエの研究が知られるようになると，すぐに心理的要素がストレスとその治療にきわめて重要であることがわかりました。現在では，結婚から駐車場所を見つけるという日常生活の面倒に至るまで，大小さまざまな出来事がストレス要因となり，心身の健康に影響を及ぼすと考えられています。ストレスにまつわる研究と治療のための産業が生まれ，心理学者たちはそのなかで指導者のような役割を果たしています。しかし，ストレスはほぼあらゆる疾病や不調と関わりがあるため，当事者である一般大衆がこの産業を全面的に支えています。

参照：心療内科（1939年），精神神経免疫学（1975年），心身医療（1993年）

アメリカ戦争情報局国内作戦部が制作した1944年のポスター。ストレスが心身に大きな打撃を与えるおそれがあると警告しています。

THERE'S DANGER

when people tire too easily
when minds are slow to think
when bodies can't fight disease

抗不安薬

フランク・バーガー（1913～2008）

ペニシリンの保存方法を模索する際に，医師で薬理学研究者のフランク・バーガーは実験用のネズミに投与した薬品に鎮静効果があるのでは，と気づきます。バーガーと化学者ベルニー・ルードヴィッヒは，1950年に合成した化学薬品をメプロバメートと名づけました。この化学薬品は，1955年にミルタウンという商品名で発売されます。すると，ほどなくして当時では最も売れた医薬品となり，1957年までに処方されたケースは全米で3700万件にのぼりました。

ミルタウンの発売から数年後，ほかの製薬会社も一般にマイナー・トランキライザーと呼ばれるリブリウム，エクワニル，バリウムなど独自の抗不安薬を開発，発売しました。鎮静効果をもたらすベンゾジアゼピン（ザナックスなど）からバルビツレートに至るまで，現在はさまざまな精神安定剤（または抗不安薬）があります。このような薬は，「ママの助っ人」として大衆文化に普及しました。ただし，当初はむしろ平凡で保守的な企業に務めているような中流階級の男性に多く処方されていたのです。

このような薬がこれほど普及したのはなぜでしょうか。不安は，現代の産業社会と脱工業化社会につきものです。当然ながら人々は有史以来，不安を経験していますが，不安はいくつかの点において現代生活の典型的な感情です。不安とは，人間が人間たることを示す一連の感情的かつ生理的な反応です。そのなかには，適応可能なものとそうでないものがあります。

不安に適応できないと，重大な精神疾患を引き起こします。アメリカ国立精神衛生研究所によると，18歳から54歳までの成人の約13％が一度は不安障害に苦しんでいます。年齢が高い層が不安障害を発症する割合は若年層より高くなっています。そのことは，健康と独立した生活において重大な意味をもちます。西洋社会における精神疾患の診断マニュアルでは12の不安障害が解説されています。最も一般的なものは全般性不安障害，パニック障害，強迫性障害，特定のものを恐れる恐怖症（広場恐怖症やヘビ恐怖症など），対人恐怖症などです。

抗不安薬はこれらの疾患の治療で使われることが多いですが，認知行動療法も同様に効き目があることがわかっています。

参照：認知療法（1955年），抗うつ薬（1957年），系統的脱感作法（1958年）

当初，抗不安薬はホワイトカラーの男性向けに販売されました。しかし，1960年代までにほとんどは「イライラが収まらない主婦」に処方されるようになりました。

1950年

アイデンティティの危機

エリク・エリクソン（1902～1994）

13歳のラケシャは自分のことで頭がいっぱいのようです。自分の外見や将来について考えたり，自分のやっていることを語ったりするのに多くの時間を費やします。悪いことなんて自分には起こらないと思っているようです。彼女はこの点で，同じ年頃の子とよく似ています。ラケシャと彼女の友だちが夢中になっていることは，エリク・エリクソンが心理社会的発達の自我同一性対役割拡散の段階と呼んだものを表しています。

エリクソンは1950年の著書『幼児期と社会』で，アイデンティティの発達が**青年期**の主な課題だと位置づけました。この発達段階で求められるのは，次のような疑問にまつわるものです。「私は誰だろうか」「自分の人生で何をなすべきか」「家族と世界にどのように折り合いをつければいいか」。ティーンエイジャーがこれらの疑問を抱き，それに続く行動を起こすのは，各自を取り巻く世界のなかで自らと仲間を区別し，差別化する必要に迫られたときです。肯定的なアイデンティティの形成は，より明確な自意識をもたらします。これが多くの場合，結婚と職業の選択をはじめとする心理社会的発達の次の段階へ進むための基礎となるのです。

アイデンティティの重要性を強調する背景には，エリクソン自身の興味深い生い立ちがあります。彼は実の父親を知らずに育ちました。ドイツのフランクフルトで生まれたとき，母は未婚でした。エリクソンが3歳だったときに，母はホーンブルガーという男性と結婚します。少年時代のエリクソンはホーンブルガーが実の父親でないことを知り，自分のアイデンティティを確立できずに青年となります。アンナ・フロイトに師事して児童精神分析家としての教育を受けた後，エリクソンはアメリカ人女性と結婚し，ドイツでナチスが台頭しつつあった時代にアメリカへと移住しました。さまざまな役職に就いた後，カリフォルニアで職を得ます。アメリカに移住した際に，彼は自分自身の父親になってアイデンティティを確立すると決心し，姓をホーンブルガーからエリクソンに変えたのです。

参照：精神分析（1899年），青年期（1904年），成長研究（1927年）

カナダのブリティッシュコロンビア州バンクーバーの通りにあった落書き。個人のアイデンティティを発達させようともがくなかで，多くの青少年が覚える疎外感を表現しています。

H♥pe
I ♥

権威主義的パーソナリティ

テオドール・アドルノ（1903～1969），
エルゼ・フレンケル＝ブルンスウィック（1908～1958）

第二次世界大戦前，フランクフルト大学社会研究所は社会理論の分野で最も顕著な影響力を誇る拠点の一つでした。社会学者のマックス・ホルクハイマーとテオドール・アドルノ率いるフランクフルト学派は，資本主義が家族と対人関係に及ぼす影響について批評を繰り広げました。ナチスが権力を掌握すると，フランクフルト学派のメンバーはドイツを離れ，ニューヨークで戦時中を過ごしました。

第二次世界大戦後，アドルノと同僚の移住者エルゼ・フレンケル＝ブルンスウィックはカリフォルニア大学バークレー校で，二人のアメリカ人性格心理学者とともに権威主義的パーソナリティを研究します。独裁者と抑圧的な政策を支持するような，権威主義的パーソナリティは存在するのでしょうか。この問いに答えるべく，アドルノと同僚は聞き取り調査とアンケートを実施し，精神分析的なマルクス主義の枠組みに沿って研究結果を分析しました。

この研究成果をもとに，彼らの共著『権威主義的パーソナリティ』（1950年）が発表されました。同書は戦後最も広く読まれた1冊となり，現在の政治心理学に大きな影響を及ぼしました。アドルノらは，権威主義的パーソナリティとは搾取的な資本主義の経済システムにおける懲罰的な躾《しつけ》の産物だと結論づけました。権威主義的な両親は，慣習的な社会的道徳観に従わなかったり，反抗した子どもを罰する傾向にあります。権威主義的パーソナリティをもつ成人は，宗教的・民族的マイノリティなどの外集団に対する偏見に影響されやすくなります。対人関係は厳格でしきたりに忠実であり，規範を破る人に対して攻撃的に応じます。同時に，権威ある人物に対しては服従し，権力の誇示に感銘を受ける傾向にあります。

近年では，権威主義的パーソナリティの現代的な表現を調査する，すぐれた政治心理学研究が実施されています。極端な保守派から自由主義者に至るまで，幅広い思想の持ち主の間で，時期を選ばず権威主義的パーソナリティが生じるおそれがあると考えられています。

参照：マリエンサル研究（1933年）

ソビエト連邦の画家イサーク・ブロツキーは，究極の権威主義者だったスターリンの肖像画を描きました（1935年）。

家族療法

ネイサン・アッカーマン（1908～1971），マレー・ボーエン（1913～1990）

第二次世界大戦後のアメリカでは，バラ色のような生活が待ち受けているはずでした。大恐慌とその後の世界戦争を経て，世の中は正常に戻り始めました。経済は回復し，魅力的な郊外に建つ真新しい住宅が低価格で手に入り，時間を大幅に節約できる家電が発明され，テレビは家庭の娯楽の中心となりました。郊外の住宅には，ファミリールーム[1]と呼ばれる部屋が新しく設けられ，新しい家具としてソファセットが発明され，家族をこれまで以上に結びつけました。このように，一見すると天国に思える環境で，家族療法は新しい治療の形として誕生したのです。その開発に当たり重要な役割を果たした人物は複数人いましたが，そのなかでもマレー・ボーエンとネイサン・アッカーマンが中心的な存在でした。

戦後の家庭生活は無情で天国とはかけ離れており，特に女性にとって抑圧的なものとなりました。家族が非行と**統合失調症**の潜在的な温床となったのです。ある人気テレビ番組が1959年に警告したように，「狂気の種はあなたの家庭に潜んでいるおそれ」があります。

家族療法は家族システム療法と呼ばれる場合もあり，家族のメンタルヘルスと社会的関係を調整するものと位置づけられました。家族は相互に関係し合う組織とみなされ，一まとまりの有機組織としてのみ治療することができます。通常は，家族の構成員の誰かが問題のある患者として特定されますが，その人は家族という組織の一部なので，家族全体の健康または病いを反映した症状を発症します。健全な家族として機能するように回復させるには，誰か一人に治療の焦点を絞るだけでは不十分です。むしろ，家族全体が治療に参加しなくてはならないのです。

この治療に対するアプローチは，**精神分析**や**クライアント中心療法**などのアメリカの心理療法と根本的に異なりました。前掲の療法では，問題は個人の内面から生じるものとみなされ，個人が世界に適応できるような治療が施されます。かたや家族療法では，家族全体のコミュニケーションとやりとりの仕方に焦点が当たります。コミュニケーションと人間関係の両面で，組織としての治療がうまくいけば，家族の機能は改善されるのです。

---

[1] リビング以外の団らんの場

参照：クライアント中心療法（1947年），ゲシュタルト療法（1951年），ダブルバインド理論（1956年）

真新しいテレビセットの隣にいるジョン・アサートンの写真。オレゴン州ユージーンにて（1953年）。テレビが家族の娯楽の中心となった頃に，家族療法が新しい形の療法として登場しました。

洗脳

エドワード・ハンター（1902～1978）

現代心理学で物議をかもすトピックの一つとしてマインドコントロール，つまり洗脳が挙げられることは驚くに値しません。東西冷戦時代の敵国でこの技術が使われていたことに戦慄し，アメリカとその同盟国はマインドコントロールがどのように作用し，どのように利用されるかを理解すべく，ひそかに集中して取り組みました。『影なき狙撃者』は洗脳された主人公が共産主義勢力の陰謀によって暗殺者になるというスリリングな物語で，小説として好評を博したのちに（1959年），映画化（1962年と2004年）されました。

エドワード・ハンターによる報道をきっかけに，洗脳という用語はイギリスで広まりました。1950年に初めて発表された一連の記事で，ハンターは朝鮮戦争中にアメリカ人捕虜を洗脳しようとする中国人の企みを暴きました。彼の記事によれば，アメリカは邪悪で捕虜を見捨てましたが，共産主義体制はアメリカの民主主義よりすぐれていると，中国人は捕虜に信じ込ませたといいます。さらに，中国をはじめとする共産主義国の政府は，自分たちはこの上なくすばらしい生活をしていると自国民を洗脳したそうです。

朝鮮戦争の直後に，アメリカ政府はマインドコントロールに関する研究に秘密資金をつぎ込みました。洗脳という用語は大衆文化にも浸透しました。アメリカ南部の白人至上主義者が，人種平等を訴えるのは共産主義者に洗脳された者ばかりだと主張したときのように，萎縮効果が生じたケースもありました。

統一教会をはじめとするカルト教団の登場に伴い，マインドコントロールは1970年代と1980年代に新たな緊急性を帯びました。このようなカルト教団のほとんどは，若年層の信者を抱えており，心理学者のマーガレット・シンガーはこの分野の主な論客になりました。**アメリカ心理学会**（APA:American Psychological Association）の要請に応じ，シンガーはマインドコントロールの手法とカルト教団について報告したものの，彼女の報告は否定されました。理由は説明されていません。

参照：感覚遮断（1937年），適切な資質の選択（1958年）

セントラル・パークにて『影なき狙撃者』のシーンを撮影するローレンス・ハーベイ（左）とフランク・シナトラ（右）。フィル・スタンジオラ撮影（1962年）

1951年

ゲシュタルト療法

フリッツ・パールズ（1893〜1970）

第二次世界大戦の終結から約10年後のニューヨークは，刺激的な心理学研究の場でした。カレン・ホーナイをはじめとする精神分析医が活躍し，モリー・ハロワーは治療経過について刺激的な研究を行い，ヴィルヘルム・ライヒは「オルゴン・アキュムレーター」を構築していました。この研究者グループのなかに，南アフリカからやってきたフリッツ・パールズとローラ・パールズが加わったのです。

フリッツ・パールズは第一次世界大戦後にドイツで医学を修めました。精神分析に魅了された彼は，ヴィルヘルム・ライヒの分析対象となります。1933年にはナチスから逃れ，妻のローラ（1930年に結婚）とともに南アフリカへ移住し，精神分析の訓練機関を創設しました。

パールズ夫妻は1948年にニューヨークに移住します。彼らが提唱した心理療法に関する新しい概念は，すぐに若い心理学者たちの関心の的になりました。これは『ゲシュタルト療法』（1951年）の出版につながり，パールズ夫妻のアプローチの代名詞にもなりました。（**ゲシュタルト心理学**はゲシュタルト療法とは関係ありません）。その後の20年間で，ゲシュタルト療法は人間中心の心理療法の重要な流派となりました。

ゲシュタルト療法の方向性は基本的に全人的なもので，人は心，身体，魂の結合した存在とみなされます。パールズはこの点について，クルト・ゴールドシュタインの研究に加え，南アフリカの政治家ヤン・スマッツの全体論から影響を受けていました。ゲシュタルト療法は精神分析と異なり，患者は今現在起こっている問題に取り組むよう促されますが，無意識や問題のもとになっている子ども時代の出来事に言及する必要はありません。その代わりに，患者には個人的に責任を負うことが求められます。これは他人を責めるのではなく，自分の行いに責任をもたなければならない，ということです。パールズが開発した有名な手法に，「空の椅子」が挙げられます。患者は，自分の人生に重要な関わりのある人物が椅子に座っていることを想像しながら，その人物とやりとりを交わします。空の椅子とゲシュタルト療法の目標とは，概して患者の経験を意義ある全体に統合する手助けをすることなのです。

参照：生体の機能（精神と身体，1939年），ロゴセラピー（1946年），人間性心理学（1961年）

フィンセント・ファン・ゴッホが描いた『ゴーギャンの肘掛け椅子』（1888年，油彩・画布）。空の椅子を用いた手法は，ゲシュタルト療法で最も幅広く使用されました。

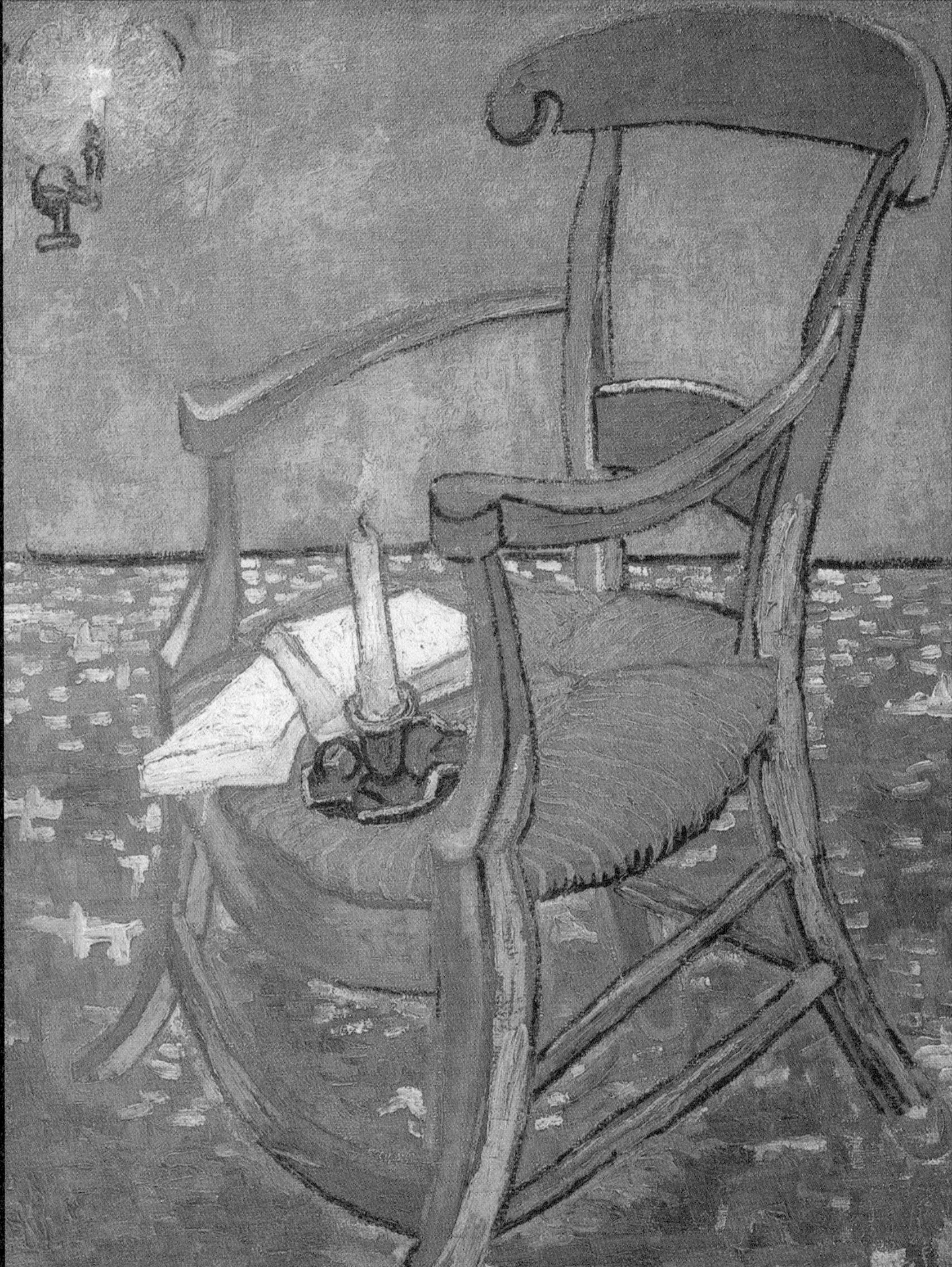

1951年

服従と独立

ソロモン・アッシュ（1907～1996）

第二次世界大戦により，多くの思慮深い人々は人間の自由の行く末を案じました。大勢のドイツ人が，いわゆる「好ましくない人物」を根絶するナチス政権の取り組みに協力しました。戦争に対する不安を和らげて支援を集めるべく，アメリカでは国内外のプロパガンダに多くの資源がつぎ込まれました。若きユダヤ人教授のソロモン・アッシュはこれらの出来事をきっかけに，人が自発的に考えるうえで社会の影響力がどれほど大きいかについて疑念を抱きました。

戦後のアッシュの研究対象は，合意形成，思考の独立性，服従という社会的文脈のなかで考えられるものすべてになりました。服従と独立性に関する初の研究を1951年に発表したのち，彼は*Scientific American*誌に掲載されて評判を呼んだ論文（1955年）で研究内容を説明しました。「社会生活に欠かせない条件として合意が挙げられる。ただし合意形成に当たっては，各自が自らの経験と見識に基づき，生産的になるために貢献することが求められる」。

社会集団が思考の独立性と服従に及ぼす影響を解明すべく，アッシュは複数の男子大学生を参加者に選んで知覚判断の研究をしました。参加者それぞれに特定の長さの線を示し，長さの異なる3本の線のうち，どれが最初の線と同じ長さか選ぶように求めます（正解は一つだけ）。参加者は一人でいるときは，ほとんど常に正しい線を選びました。ところが，アッシュの協力者でわざと誤った線を選ぶほかの学生もいるときに同じ質問を尋ねられると，参加者の38％がわざと誤る学生と同じく，誤った線を選んだのです。アッシュは条件を変えた実験も行いました。ある条件では，参加者に同意する「パートナー」役を一人設けました。すると，不正解率が大幅に下がりました。これにより，服従の対象となる集団の影響力にもかかわらず，独立性を維持するには社会的支援が重要であることが示されたのです。

ほとんどの教科書では，アッシュの研究は服従に関する研究として説明されています。しかし，彼が実際に発見したのは，独立した思考をより適切に支援する方法なのです。彼の研究結果は，人が判断を下す社会的文脈のなかで，理解を示す重要性に関する理論も実証していました。

参照：ゲシュタルト心理学（1912年），服従（1963年），スタンフォード監獄実験（1971年）

ドイツのニュルンベルクにて，整列して点呼するナチス突撃隊，親衛隊，国民社会主義自動車軍団（1935年11月9日）。これは，驚くべき服従のイメージを最悪の形で示しています。

1952年

ソロモンの指環

カール・フォン・フリッシュ（1886～1982），**コンラート・ローレンツ**（1903～1989），**ニコ・ティンバーゲン**（1907～1988）

ミツバチのダンス，卵を転がす鳥，巣づくりする魚，人間を「母親」として刷り込まれた子ガモ……。これらはすべて，第二次世界大戦後に動物行動学の分野を確立した科学者たちによるすばらしい貢献の賜物です。動物行動学者は進化の枠組みのなかで，魚，鳥，昆虫，哺乳類を研究しています。つまり，動物の行動がどのように構成され，どの機能が動物の生存に役立つのかを突き止めようとしているのです。

著書『ソロモンの指環』のなかで（英語初版は1952年出版），オーストリアの科学者コンラート・ローレンツはソロモン王のように動物と話す手段について著しました。彼の専門分野は母親と子孫の関係でした。孵化《ふか》から数時間で子ガモが最初に目にした対象が人間だったら，その人間が子ガモにとって「母親」になることを発見します。子ガモは人間を母親として刷り込まれ，母ガモに対してそうするように，その人間のあとをどこまでもついてまわります。母親と子どもの関係に科学者，政治家，大衆も関心を寄せるなか，ローレンツの研究は1950年代と1960年代に広く人気を博しました。子どもの人格形成において，人生初期の経験が重要であることは明白でした。

オランダの動物行動学者ニコ・ティンバーゲンは，さまざまな種を研究するという異なる方針をとっていて，トゲウオに関する画期的な研究で最も有名でした。求婚して巣づくりし，魚卵を受精させ，子孫を守るために，オスのトゲウオが複雑な一連の行動をとっていることを彼は研究で示しました。これは，本能がどれほど強力な役割を果たすのかに関係しています。

ミツバチは長らく色盲と考えられてきましたが，動物行動学者のカール・フォン・フリッシュはミツバチが色を識別できることを示しました。彼は研究範囲を拡大し，ミツバチが食べ物を発見した後の動きを研究します。そして，ミツバチが巣箱にいる仲間に食べ物の位置と距離を教えるために，さまざまな「ダンス」をすることを発見しました。

上記の3人の科学者は，健康と人間社会に対しても，動物行動学が重要な意味合いをもつと示唆したことで，1973年にノーベル生理学・医学賞を受賞しました。

参照：種の起源（1859年），愛着理論（1969年）

上：コンラート・ローレンツ（左）とニコ・ティンバーゲン（右）。マックス・プランク研究所にて（1978年）。
右：ドイツのダーレムで，ガチョウとともに飛行するクリスチャン・ムレク

15 BR

1952年

抗精神病薬

アンリ・マリー・ラボリ（1914〜1995）

深刻な精神疾患を治療する歴史は，決して愉快なものではありません。冷浴からマラリア注射に至るまで，何世紀にもわたってさまざまな療法が試されてきました。1930年代から1940年代にかけては，インスリンショック療法と**精神外科**が好ましい治療法と考えられていましたが，ほとんど成功例はありません。薬物治療用には鎮痛剤，精神安定剤，一部の症状を和らげる薬がいろいろとありましたが，統合失調症や双極性障害，その他の深刻な精神疾患の治療にはまったく効果がありませんでした。

フランスの製薬会社ローヌ・プーランはクロルプロマジン（トラジン）を1950年に合成しました。当初の用途は抗ヒスタミン剤でしたが，ほどなくして臨床報告により，この薬は過度な鎮静という副作用なしに精神病棟の患者を落ち着かせるのに有効だとわかりました。イギリスでの初の報告は1952年です。これにより，間違いなく1950年代半ばまでに精神疾患の治療の薬理学に革命が起こりました。クロルプロマジンの成功に勢いを得た製薬業界の各社は，新たな化合物を次々と生み出します。ほぼ同時期に，インドで数世紀にわたり用いられてきた，アルカロイド系の成分をもつインド蛇木（ヘビ根，またはインドジャボク）からレセルピンが抽出されます。クロルプロマジンと同じく，これは躁病と**統合失調症**の有効な治療薬であることがわかりました。副作用が皆無というわけではありませんが，1950年代末までに，うつ病，躁病，統合失調症などの症状の多くを効果的に治療できるモノアミン酸化酵素阻害薬，イミプラミンといった新しい医薬品が多数開発されました。そして1960年代初期に，薬物療法の有効性が実証されたのです。

これらの医薬品の開発と使用は，深刻な精神疾患の治療に大きな影響を及ぼしました。ほとんどの大規模な公立・私立の精神病院では入院患者数が大幅に減少し，1955年に50万人以上だった精神疾患の入院患者数は，1980年には15万人程度になります。しかし，多くの患者は退院後に投薬治療を続けることができず，大半がホームレスと化しました。

参照：精神外科（1935年），電気ショック療法（1938年），抗不安薬（1950年），抗うつ薬（1957年）

フランスのアーティスト，アベル・フェーブルが1902年に描いたイラスト。誰も自分を治せないと嘆く病身の老人が，さまざまな錠剤と水薬であふれたテーブルを前に横たわっています。クロルプロマジンなどの抗精神病薬が登場する以前，ほとんどの時代の精神疾患患者はこのような状態でした。

— ... Et le mien ne drogue pas!

1952年

進行中の人生

ロバート・ホワイト（1904～2001）

人生を理解するための最適な手段は何でしょうか。心理学者は知能，人格，能力に関する検査法を開発してきました。その結果，数字と得点を見れば，検査を受けた人物のことを本当に知ることができるでしょうか。紙と鉛筆，またはコンピューター化された検査により人間の人生は測定可能であるという考えに，心理学者のロバート・ホワイトは納得がいきませんでした。彼はその代わりに，自らのキャリアを実際の人生の研究に費やしました。そして，個人の人生に関する研究をまとめた独創的な著書『Lives in Progress（進行中の人生）』初版を1952年に刊行し，続く版も1966年と1975年に出版しました。

ホワイトはニューイングランド出身で，「正統な最初のニューイングランド入植者[2]の末裔」と称されました。裕福な家庭に生まれ，両親に愛された幼少時の彼は，世界への好奇心にあふれていました。人文学，特に歴史に強い関心をもっていましたが，心理学の大学院に進むことにします。もう一人の異色の思想家ヘンリー・マレーがハーバード心理クリニックの院長となったちょうどその頃，ホワイトはハーバード大学の心理学のプログラムに参加する幸運に恵まれました。さらに数年後には，並外れた才能をもつ学生と同僚が加わり，彼らの多くはのちに当時を代表する人格心理学者となりました。

ホワイトは人生を隅々まで研究しましたが，現在の行動を決定づける無意識の要因には関心を示しませんでした。むしろ，人生における重要な転機についての人々の認識に興味があったのです。「現在の関心事は？」「時間が経つにつれてその関心はどのように発展し，変化したか？」「人生のなかで能力はどのように発揮されたか？」。ホワイトは個人の人生について真剣に考えました。そのことは彼のケーススタディからもわかります。彼は，普通の人々が心配していることや疑問について知ろうと努め，それらにどう対処しているかを聞き取り調査しました。そのようなケーススタディの多くは，人生全般にわたり長らく検討されていたため，人の過去と未来について理解することにつながりました。おそらく，人生とその豊かさの研究について，これほど深い洞察をもたらした心理学者はほかにいないでしょう。

参照：TAT（Thematic Apperception Test, 1935年），ポジティブ心理学（2000年）

[2]イギリスからメイフラワー号に乗って最初にアメリカにやってきた入植者の一団は，ニューイングランド地方に定住したといわれています。先祖が「メイフラワー号」でやってきたといえば，アメリカでは暗に最初の入植者の血筋であることを意味します。

スコットランドの画家ジェームズ・ベイリー・フレイザーが描いた彩色版画『Stages of Man's Life, from

1953年

H・Mの症例

ブレンダ・ミルナー（1918〜）

ヘンリー・グスタフ・モレゾンは1935年のある日，学校へ行く途中で自転車にはねられます。地面に頭を強くぶつけた彼は，しばらく意識を失いました。意識を取り戻した当初は問題なさそうでしたが，おそらくこの事故が原因で，ヘンリーは数年後にてんかんの発作を起こします。発作はきわめて深刻なものとなり，1953年に症状の緩和が期待される実験的な手術を受けます。（短期記憶と長期記憶を統合する）海馬とそれと接する側頭葉内側部，（感情を処理する）扁桃体の一部を切除した彼は，リハビリ期間を経て，単純な軽作業の仕事を見つけることができました。「H・M」としての彼の経歴はここから始まります。

ヘンリーはH・Mとして，歴史上おそらく最も有名な神経疾患患者となりました。心理学者のブレンダ･ミルナーが，H･Mの記憶とその他の認知能力を頻繁に評価する研究チームを指揮しました。彼女の研究を端緒に，人間の基本的な能力の神経学的基礎，とりわけ学習と記憶などに関する多くのことが現在ではわかっています。ミルナーによるH・Mの研究は，奇妙な記憶障害について説明するだけにとどまりませんでした。二人の協力関係は，さまざまな種類の記憶とその役割に対し理解をうながしたのです。

H・Mは会話の後や，会話が中断されると，その内容を思い出せませんでした。換言すると，日常的な知識や新しい知識を得るのに必要な意味記憶を形成する能力が欠如していたのです。H・Mは手術前の出来事をたいてい思い出すことができたのに，手術後のことを思い出すことができませんでした。短期記憶に問題はなく，物事を行う手段についての記憶，つまり新しい手続記憶を形成することもできました。

H・Mの驚くべきストーリーは，さまざまなタイプの記憶が脳のさまざまな部分で処理されている可能性があることを示すとともに，日常生活における記憶の重要性を教えてくれます。

参照：短期記憶（1956年），記憶の処理水準モデル（1972年）

アメリカの精神神経科医エリック・R・カンデルによる1986年の講義『Cell and Molecular Biological Approaches to Learning and Memory（学習と記憶における細胞と分子生物学的アプローチ）』のポスター。ミルナーと同じく，カンデルは生物学的視点から記憶について理解するうえで偉大な貢献を果たしました。

Cell and Molecular Biological Approaches to Learning and Memory

Eric R. Kandel, M.D.

March 17, 1986 4:30pm Clinical Center Masur Auditorium A Lecture Sponsored by The Howard Hughes Medical Institute

1953年

カクテル・パーティ効果

エドワード・コリン・チェリー（1914～1979）

にぎやかなパーティに参加しているところを想像してください。夜が更けるにつれて喧噪は次第に大きくなり，あなたは前のめりになって話し相手の発言に注意を払わなければなりません。ところが，なぜか騒音のなかから，ある程度離れた場所での別の会話で，あなたとあなたの配偶者が話題になっているのをふと耳にします。これは選択的注意の一例で，心理学者のエドワード・コリン・チェリーは1953年にカクテル・パーティ効果と名づけました。

注意は，人間と多くの動物にとって最も重要な一側面です。注意がなければ，私たちの記憶はきわめて不完全になり，生存の可能性も下がります。過去150年間にわたり，大勢の思想家と科学者が注意について研究しましたが，注意に関する現代的な実験的研究が軌道に乗ったのは第二次世界大戦後からです。コリン・チェリーは，航空管制官が同時に何人ものパイロットの声に耳を傾けながら，どのようにして重要な情報を聞き分けているのかを研究しました。

1950年代には，イギリスの心理学者ドナルド・ブロードベントが注意のフィルタ理論を展開しました。彼はこの理論で，脳がどうやって一度に多くの感覚情報の入力を処理するのかを説明しようと試みました。ブロードベントは，感覚システムと知覚システムの間にフィルタが存在し，知覚システムが必要ないデータを排除すると唱えました。しかし，さらなる研究により，脳が意識的に注意を払っていない情報も処理しているという事実を，このフィルタ・モデルでは十分に説明できていなかったことがわかります。心理学者のアン・トリーズマンが，注意のフィルタにより情報の重要性は低くなるものの，完全にブロックされるわけではないとする減衰モデルを提唱したからです。このため，にぎやかなカクテル・パーティの最中のように注意を払っていないときでも，自分の名前など一部の音を聞き分けられることがあるのです。

参照：短期記憶（1956年），記憶の処理水準モデル（1972年）

カクテル・パーティに参加し，共通の話題で談笑する二人の女性。チェリーの選択的注意の理論によると，どちらか一方または両方の名前が出ると，別の会話も耳に入る可能性が高くなります。

1953年

レム睡眠

ユージン・アセリンスキー（1921～1998），**ウィリアム・デメント**（1928～2020）

あらゆる哺乳類が毎晩夢を見ますが，睡眠と夢に関する研究が実験室で行われるようになったのは20世紀に入ってからです。1930年代までに，睡眠中の脳活動は脳波計（EEG: Electroencephalogram）で測定され，周期的なパターンが報告されました。1953年になると，心理学専攻の大学院生だったユージン・アセリンスキーが睡眠中の眼球の速い動きに特徴づけられる脳波のパターンをようやく特定し，これを夢の状態と関連づけました。そしてもう一人の大学院生だったウィリアム・デメントが，急速眼球運動（REM:Rapid Eye Movement）睡眠の研究を行いました。

現在の科学者がわかっているのは，就寝している人間の睡眠には概して一定の周期があり，それぞれの段階別に脳活動が独自に行われていることです。第一段階では，脳はアルファ波を発します。この段階は目が覚めやすく，夢とは異なる鮮明なイメージが思い浮かぶことがよくあります。睡眠は，小さな脳活動が突発的に起こる第二段階を経て深まっていきます。第三段階では，ゆっくりとした大きな波形のデルタ波が生じます。脳波のパターンがデルタ波だけになると，約20分から30分続く第四段階で，最も深い睡眠に入ります。そして，ここからが本番，レム睡眠に移行するのです。心拍と呼吸は早まり，脳波のパターンは目覚めているときと似てきます。眼球がまぶたの下で左右に速く動きます（このためREMという名称がついています）。こうした脳の活動にかかわらず，骨格筋は麻痺しているため動くことはできません。最初のレム睡眠が最も短く，どれくらい長く眠っているかによって各周期の長さも変動します。一晩で4周期が繰り返されることもあるのです。

私たちには段階の睡眠が必要ですが，そのなかでもレム睡眠が最も重要であると研究で示されています。理由は明確ではありませんが，レム睡眠が不足すると免疫機能の低下が起こることが知られています。その一方でプラス面として，記憶はレム睡眠中に整理されるという証拠があります。

参照：夢判断（1900年），ユング心理学（1913年），精神的放電（大脳皮質への刺激，1941年）

スイスの画家ヨハン・ハインリヒ・フュースリーが描いた『夢魔』（1802年）

1954年

喜びと痛みの中枢

ホセ・マヌエル・デルガード（1915～2011），ジェームズ・オールズ（1922～1976）

痛み，怒り，喜びに脳の特定部位が対応していることが1950年代にわかり，科学者と大衆の両方が驚きました。心理学者のジェームズ・オールズは1954年に，喜びに関するすぐれた研究結果を報告しました。同じ年に，心理学者のホセ・マヌエル・デルガードが脳内で刺激を受けると痛みと怒りを生じさせる中枢があると報告しました。これにより，脳のコントロールを通じた心身のコントロールという新境地の可能性が示されました。やがてデルガードは自ら考案した方法や，その他さまざまな直接の脳のコントロール方法を通して「精神文明」社会の可能性を謳ったのです。

一般的にこの研究以前には，喜びと痛みは局在せず，脳内に散在していると考えられていました。オールズは極細の電極をネズミの脳に挿入しましたが，のちに報告したように，刺激しようとした中脳の部位をそれ，その代わりに視床下部を刺激しました。するとほどなくして，ネズミが刺激を受けた場所である実験室を好むようになったことに気づきます。ネズミが報酬の餌よりも電気的刺激を好むことがわかると，オールズは研究範囲を広げます。レバーを押すたびに刺激を与えたところ，1時間に5000回もレバーを押したネズミもいたほどです。

その一方で，デルガードは行動や怒りの反応を鎮めることのできる痛みの中枢を発見しました。オールズの電極はワイヤーでコントロール部分につながっていましたが，デルガードは遠隔で行動をコントロールできる「スティモシーバー」を開発しました。ネズミ，猿，猫，人間，その他さまざまな動物がデルガードの実験対象になりました。母国スペインで行われた1963年の有名な実証実験で，デルガードは牛の脳にスティモシーバーを埋め込み，コントローラーを用いて牛の突進を止めました。

これらの発見は群衆操作の可能性を示唆し，多くの人々を恐れさせました。しかし，それと同時に，感情反応の豊かさと複雑性についても教えてくれたのです。

参照：スキナー箱（1930年），感覚遮断（1937年），精神的放電（大脳皮質への刺激，1941年）

サン・マルコス祭の目玉行事である闘牛。メキシコのアグアスカリエンテスにて（2010年5月1日）。有名な1963年の実証実験で，デルガードはボタン操作だけで脳の痛みの中枢を刺激し，牛の突進を止めてみせました。

1954年

接触仮説

ゴードン・オールポート（1897〜1967）

アメリカの社会心理学における不朽のテーマとして，接触仮説が挙げられます。最も単純な形は，ある特定の状況下で肌の色，民族性，社会階級といった重要な特性が異なるグループ同士が接触すると偏見が緩和され，お互いのグループにいっそう肯定的な態度で接するようになるというものです。著名な社会心理学者のゴードン・オールポートが1954年に紹介して以来，700回以上の科学的研究でこの仮説が検証されました。何をきっかけに，このような実り多き社会科学の概念がもたらされたのでしょうか。

第二次世界大戦後間もなく，ニューヨークの社会科学者たちは，科学がどのように実生活の問題解決に役立つかを実証しようと試みます。喫緊《きっきん》の問題は，大都市圏で異なる人種の人々がどのように共生できるかということでした。戦争により，大勢の人種的・民族的マイノリティが工場で働くために大都市に移住しましたが，新築住宅はほとんど建っていませんでした。従来のアメリカでは人種ごとに居住地を分けるのが普通でした。このため，誰がどこに住むかという点で戦後に緊張が生じました。社会科学者はこれを公共政策に役立つ情報をもたらす研究を行う機会とみなし，人種差別を減らして異なる人種グループ間の関係を向上させる方法に焦点を当てました。

ニューヨークとその近隣都市では，黒人と白人の両方が入居する団地が増加しました。これは，異なる人種グループ間接触に関する疑問に答えられる，自然な実験室となったのです。この人種混合の集合住宅プロジェクトに参加した研究者は，両人種の住人が異なる人種のメンバーと友情を育むケースが増えたと報告しました。白人は，そのような集合住宅に好ましい反応を示すようになり，研究者たちはほかの人種の人々と密に交流しながら生活することが変化をもたらしたと結論づけたのです。オールポートはこの概念を，より適切な表現である「接触仮説」と言い換えました。

参照：人形研究（1943年），自己成就的予言（1948年），ロバーズ・ケーブ実験（グループ間の葛藤，1954年）

ワシントンD.C.で1963年3月28日に行われた公民権運動のデモ行進には，次のようなリーダーたちが参加しました。アメリカのカトリック人種間平等協議会のマシュー・アーマン常任理事（左端），デモ委員会のクリーブランド・ロビンソン（着座して眼鏡をかけている人物），アメリカユダヤ人会議のラビ・ヨアキム・プリンツ議長（ロビンソンの後ろ），寝台車ポーター労働組合とアメリカ労働総同盟の設立を支援したベテランの労働争議リーダーで，デモを組織したアメリカ労働総同盟産業別組合会議のA・フィリップ・ランドルフ元副会長，（中央で着座）。彼らの間で，物理的接近とアフリカ系アメリカ人の市民権の問題について意見は一致しました。これにより，社会的・物理的に異なる人種グループ同士の距離が近づけば，偏見を克服できるという未来への希望が示されました。

IN THIS TEMPLE
AS IN THE HEARTS OF THE PEOPLE
FOR WHOM HE SAVED THE UNION
THE MEMORY OF ABRAHAM LINCOLN
IS ENSHRINED FOREVER

1954年

ロバーズ・ケーブ実験（グループ間の葛藤）

ムザファー・シェリフ（1906～1988）

少年のグループ同士を競争させると何が起きるでしょうか。少年を対象にした研究は，グループ間の人間関係，対立，競争について何を教えてくれるでしょうか。トルコ出身の社会心理学者ムザファー・シェリフは，1950年代にオクラホマ大学の教授を務めていた際にこのような疑問を提起し，1954年に発表した独創的な著書『Intergroup Conflict and Cooperation（グループ間の対立と協力）』で研究成果を報告しました。社会的規範がどのように形成され，それがどのように協力や競争，対立と関連しているかについてもシェリフは関心をもっていました。シェリフの研究は大局的に見て，グループ間の関係を理解するうえできわめて重要だとみなされています。

心理的に健常な11歳の少年を22人慎重に選んだ後，彼らを11人組の二つのグループ（「ラトラーズ」と「イーグルス」）に分けます。最初のうち，二つのグループはお互いの存在に気づかぬまま，オクラホマのロバーズ・ケーブ州立公園近くのサマーキャンプ場内で別々の山小屋に宿泊しました。この実験の第一段階は，グループ内で友情と仲間意識が育まれるように設計されていたので，両グループの少年たちはすぐに山小屋で仲間の少年たちと愛着を形成しました。強力な関係が築かれたところで，シェリフは賞品とトロフィーをめぐって二つのグループを競わせます。両グループの競争は偏見を生じさせると予測され，それが現実に起こりました。少年たちは，相手グループに属する少年を劣っているとみなしたため，相手の山小屋への攻撃，悪口，喧嘩などの敵対的行動が起こります。シェリフは研究の終盤で，グループ間の対立の緩和を試みました。個々のグループでは対応できない，キャンプの給水管の修理をはじめとする大がかりな作業を通じ，両グループが協力するように取り計らったのです。これにより，グループ間の対立は緩和されたばかりか，当初のグループ内の絆を上回る親密なつながりをもたらしました。シェリフは，敵対するグループ同士が対立を効果的に緩和して協力するには，大がかりな仕事に取り組ませる必要があると結論づけたのです。

参照：接触仮説（1954年）

ロバーズ・ケーブ州立公園の石垣に，さびついたトンネルが通っています。オクラホマ州ウィルバートンにて（2007年）。

1954年

ティーチングマシン

B・F・スキナー（1904〜1990）

ハーバード大学の心理学者Ｂ・Ｆ・スキナーは1953年，娘の学校で行われた父の日の行事を参観した際に，由々しき光景を目の当たりにしました。彼は算数の授業が行われている4年生の教室の後ろから，教師が教室内を巡回する間に生徒が算数の問題を解く様子を観察していました。すぐに問題を解いて何もせずに座っている生徒もいれば，悪戦苦闘している生徒もいます。どの生徒も，教室で学んでいることについて直接のフィードバックを一切受けていません。スキナーにとって，このやり方は有効な教授法の二つの基本原則に反していました。すなわち，回答が正しいか間違えているかについて直接フィードバックを与え，生徒が各自のペースで確実に学習を進められるように取り計らうべきなのです。スキナーはこれらの原則に基づき「教える」機械を発明しようと決意します。この機械は，ペンシルベニア州ピッツバーグで1954年に開催された教育会議で公開されました。

ティーチングマシンというアイデアを思いついた人物は，スキナーが最初ではありません。スキナーと同じく心理学者だったシドニー・プレッシーは，1924年に同様の機械を実演しています。プレッシーの機械は，ウィンドウに問題と答えの選択肢を表示するものでした。生徒はキーを押して答えを選択します。正しい答えが選択されると，生徒は次の問題に進みます。スキナーの機械にも問題と答えの選択肢，キーがありましたが，教材は細分化され，順番に進めるようになっていました。生徒は最初の問題に答えるために事前に情報を得なくても構いません。プログラム学習として知られるこの手順は，実質的に早期の成功を保証し，不正解の確率を最小限に抑えました。

スキナーのティーチングマシンは，当時のアメリカの教育現場における技術への期待の高まりを象徴する一つの発明にすぎません。この関心は，アメリカが冷戦時代の大敵ソビエト連邦の科学的，知的，両面の能力に追いつこうとしていたことなど，多くの要素を反映したものでした。しかし，ティーチングマシンは万人に熱意をもって受け入れられたわけではありません。全米の学校の教室で，このような算数の授業が行われることに違和感を抱いた人もいました。スキナーのティーチングマシンは一部の学区で採用されましたが，全国的に広く受け入れられませんでした。1960年代末までに，ティーチングマシンの展開はほとんど終焉を迎えていました。

参照：アルビノ・ラット（新行動主義，1929年），スキナー箱（1930年），トークン・エコノミー（1961年）

スキナーが1954年に設計したティーチングマシン。これを用いたプログラム学習が教室で行われました。

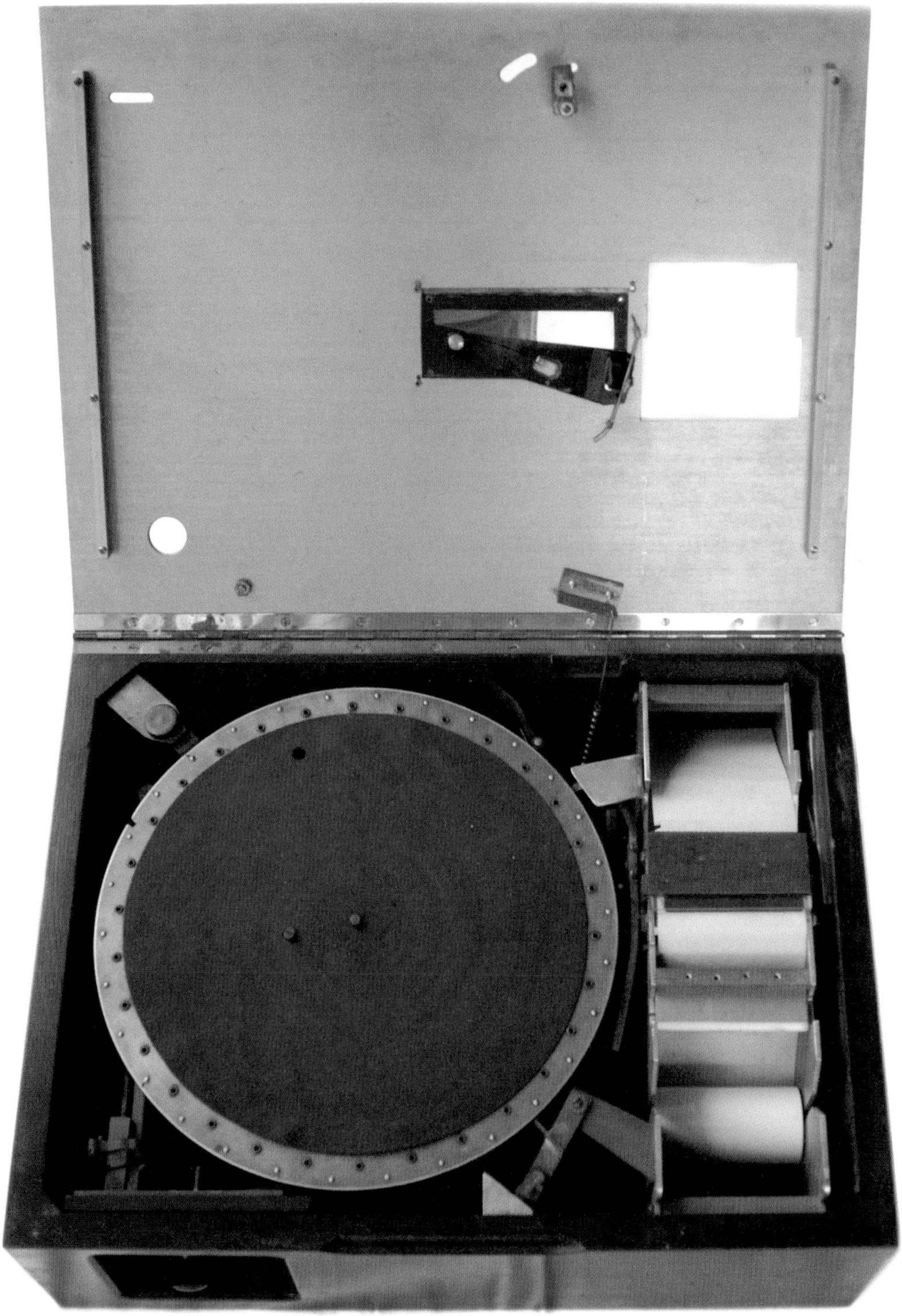

1955年

認知療法

アルバート・エリス（1913～2007），アーロン・T・ベック（1921～）

認知療法は20世紀半ばから，さまざまな心理的問題に対する治療の選択肢として幅広く受け入れられました。アメリカでは，精神分析を専攻した心理学者のアルバート・エリスが論理情動行動療法（REBT:Rational Emotive Behavior Therapy）という認知療法を初めて実践しました。エリスは最初，自らの幼少時の心的力動を理解し，他者にとって不幸の源になっている子ども時代の出来事をつまびらかにできるよう手助けする手段として，**精神分析**を選択しました。しかし，彼は1950年代初期までに，分析のペースの遅さと常に過去にばかり注目する姿勢に苛立ちを覚えました。その代わりに，考え方と自己評価によって人々がどうやって問題に追い込まれるかに注目するようになったのです。人は「自己満足」に陥りがちであり，つまり，不合理に「しなければならない」「すべき」「したほうがよい」ことに焦点を当ててしまうことにエリスは気づきます。たとえば青年は，両親を喜ばせなければならないために間違ったキャリアを選択したり，誰からも愛されるべきであるため常に自己批判し，常に正しい決断をしたほうがよいと奨励されます。REBT療法では，患者の考え方について議論するなどの手段を通じて，彼らの誤った考え方に疑問を投げかけます。たとえば「なぜあなたはいつも両親を喜ばせなければならないのですか？」「誰からも愛されることなど，本当に可能でしょうか？」などと問いかけます。練習と宿題を通じて，患者は不合理な考えに基づいて行動することをやめ，新しい思考パターンを構築できるようになるのです。

エリスがREBT療法を導入した数年後に，アーロン・T・「ティム」・ベックは認知療法に関する自身初の研究を発表します。ベックも当初は精神分析医としてキャリアを歩みましたが，精神分析のいくつかの重要な概念について，研究の根拠を見いだすことができませんでした。彼は次第に，患者が無意識に抱いていて機能不全に陥っている思考を特定し，それに疑問を投げかけるよう患者を指導する認知的アプローチを開発しました。もともとベックの認知療法はうつ病の治療のために開発されましたが，現在では不安や夫婦間の問題など，さまざまな精神疾患への対処に有益だと証明されています。

参照：精神分析（1899年），ロゴセラピー（1946年）

認知療法は脳の前頭葉，すなわち将来の計画，判断，意思決定スキル，集中力の持続，自制といった「実行機能」に関わる部位に働きかけます。

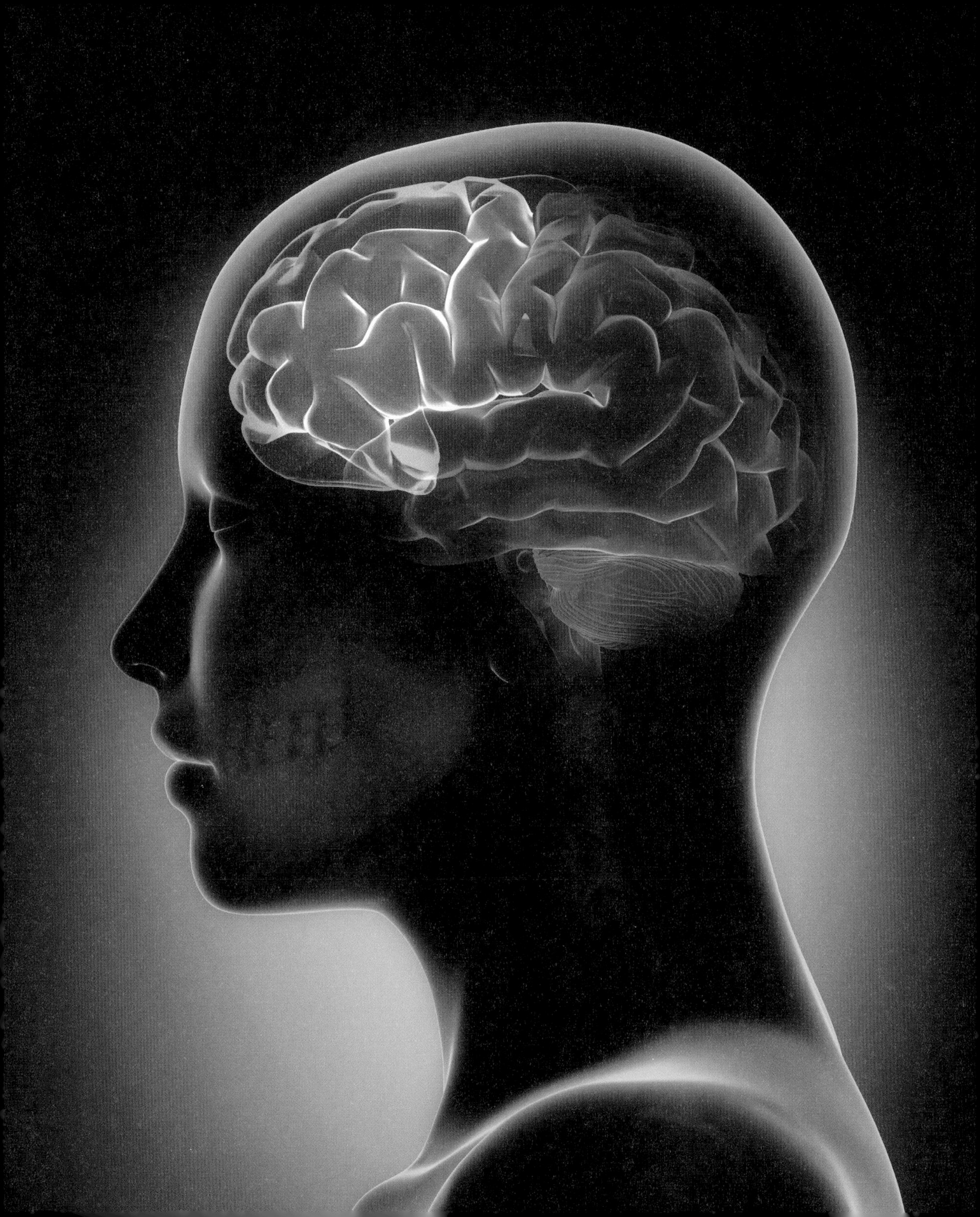

1955年

プラセボ効果

ヘンリー・ビーチャー（1904～1976）

20世紀に最もよく研究された医学と心理学の現象として，プラセボ効果が挙げられます。これは有効成分の含まれていない処方薬など，実際には治療効果が不明，またはないことがわかっている成分を，効果があると患者に告げて投与する治療と定義されます。プラセボとは「喜ばせる」を意味するラテン語にちなんだ言葉です。プラセボの投与による有益な効果は，改善に対する期待から生じているようです。プラセボ効果は，さまざまな医学的・心理的の条件の治療で見受けられました。こうした効果は治療に対する正常または典型的な反応の現れだと，現代の研究者は結論づけています。

プラセボ効果が何千年にもわたって存在したのは間違いありませんが，西洋医学の歴史で最初に記述されたのは18世紀にさかのぼります。19世紀にプラセボ効果は医術の一つとして広く認識されるようになりました。開拓時代のアメリカ大陸の田舎では，巡回治療師，骨相学者，いんちき薬の行商人がさまざまな妙薬を処方しました。おそらくそれらも同様のメカニズムに依拠しており，当てにした患者にいくらかの効果を発揮したことでしょう。

プラセボとその効果に関する本格的な研究は，*The Journal of the American Medical Association*誌（1955年）に医師のヘンリー・ビーチャーが発表した論文『The Powerful Placebo（強力なプラセボ）』が出発点といえます。この論文に触発されたハンス・セリエによる**ストレス**に関する理論，冠動脈心疾患《かんじょうみゃくしんしっかん》と**タイプA**と呼ばれる性格特性の関係など，健康と病気に対する心理的効果の役割について研究が行われました。さらに，心身のつながりが健康と病気に及ぼす影響を研究する新たなきっかけが生じました。あらゆる新薬の無作為化対照試験で欠かせない要素になるほど，プラセボ効果は重要とみなされています。

参照：精神療法（1859年），心療内科（1939年），タイプA（1959年），精神神経免疫学（1975年），健康の生物心理社会モデル（1977年），心身医療（1993年）

上：ヘンリー・ビーチャーの肖像写真（1955年）

右：元オピオイド常用者（同一人物）の２枚のPET（Positron Emission Tomography）スキャン画像。モルヒネの影響下にあるスキャン画像（上）の脳活動は，プラセボ（投薬なし）の影響下にあるスキャン画像（下）よりも減少し，より明るい色をしています（1980年）。

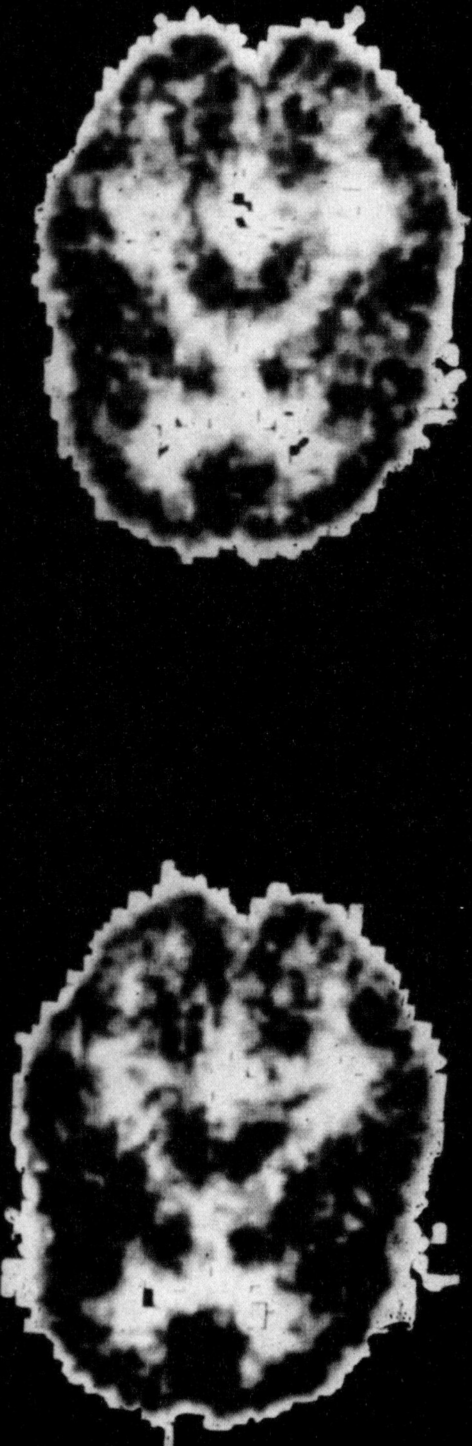

1956年

短期記憶

ジョージ・A・ミラー（1920～2012）

アリストテレスと古代ギリシアの時代から，19世紀末のヘルマン・エビングハウスとメアリー・ホイトン・カルキンズの時代に至るまで，記憶は長きにわたり心理学研究における重要なテーマでした。しかし，短期記憶の情報処理理論で記憶の研究を現代的な方向に導いた人物は，ウエストバージニア州出身でハーバード大学で教育を受けた心理学者のジョージ・A・ミラーでした。第二次世界大戦中，ミラーは軍用通信技術の向上を目指した大規模な研究グループの一員でした。そこには数学者，物理学者，エンジニア，言語学者，心理学者も分野の垣根を越えて属していました。戦後，この研究グループとの交流が，情報理論を心理的問題の解決にどのように応用できるかと考えるきっかけになりました。ミラーの戦後の研究は，ほかの心理学者に認知研究では情報処理アプローチをとるように促しました。このため，アメリカの心理学界は行動主義的アプローチから距離を置き，心の研究へと方向転換したのです。

新しい心のモデルでは，脳はコンピューターまたはコンピューターのように機能するものとして考えられました。コンピューターのように，心（または脳）は情報を処理します。ミラーにとって，このモデルは記憶がどのように働くのかを考える契機となりました。つまり，心はどうやって物事を記憶としてとどめ，情報を処理できるようにするのかということです。1956年の論文『The Magical Number Seven, Plus or Minus Two（マジカルナンバー7±2）』で述べたように，当時のミラーは整数の7に取りつかれていました。短期記憶と呼ばれるものに人間が保存できる事柄の最大数が7だと思われると発見したからです。

さらなる研究で，実際の上限は7±2個ではないことがわかりました。それどころか，情報を塊ごとに細分化すると，上限は7をはるかに超える数に至る可能性があります。たとえば，ほとんどの人々が容易に思い出せるアメリカの社会保障番号は9桁ですが，通常は三つの塊，すなわち一般的に短期記憶に保存できる個数の半分ほどが記憶されるのです。

参照：認知能力研究所（1960年），記憶の処理水準モデル（1972年）

ミラーは1956年の論文『The Magical Number Seven, Plus or Minus Two（マジカルナンバー7±2）』で，人間が短期記憶に保存できる事柄の最大数は7だと主張しました。さらなる研究により，電話番号や社会保障番号のように細分化できるものは，7桁以上でも覚えられることがわかりました。

1956年

ダブルバインド理論

グレゴリー・ベイトソン（1904～1980）

統合失調症と診断された息子を母親が見舞いに行きました。息子が母親を抱きしめると，母親の体がこわばりました。息子が身を引くと，母親は「もう母さんを愛していないの？」と尋ねました。このやりとりは何を意味するでしょうか。

（a）私は愛すべき人である。

（b）あなたは私を愛すべきだ。さもなければ，あなたは悪い人間か，間違っている。

（c）あなたは以前は私を愛していたが，もう愛していない。

グレゴリー・ベイトソンは同僚とともに，カリフォルニア州パロアルトで1950年代に統合失調症の患者とその親が交わしたやりとりを分析し，『Toward a Theory of Schizophrenia（統合失調症理論序説）』を1956年に発表しました。現在でも，これはすぐれた論文として知られています。文化人類学者だったベイトソンは，**統合失調症**の子どもをもつ家庭のコミュニケーションパターンに関心をもちました。そうした家族ではたいていの場合，容易に解決や逃避ができない立場に子どもを追いやり，統合失調症を引き起こしていることにベイトソンは気づきました。彼は，このコミュニケーションのパターンをダブルバインドと称しました。

ベイトソンは観察に基づき，家庭内の混乱したコミュニケーションが統合失調症の発現につながるおそれがあると唱えました。この混乱は，統合失調症の患者が親や親族から受け取る二重の矛盾したメッセージに端を発します。そうしたメッセージは無視できず，うまく対応する手段もありません。上記の例のように，母親から愛と身を引くという二重のメッセージを投げかけられたら，子どもはどうするでしょうか。このメッセージは言葉と身体反応で発せられています。相反する一方でそれぞれに重要な意味があるため，子どもの内面では激しい葛藤などが起こります。それに対する自然な反応が，精神疾患状態への逃避となるのです。

統合失調症におけるダブルバインド仮説は，メンタルヘルスと疾病に対する家族の役割に関心が高まった時代に登場しました。そのメリットは何といっても，ベイトソンの理論に刺激を受けたセラピストたちが，家族ぐるみの治療について新しく生産的な考えをもつようになったことです。

参照：統合失調症（1908年），家族療法（1950年）

アメリカの画家メアリー・カサットが描いた『体を母親に拭いてもらうジュール』（1900年）。ベイトソンのダブルバインド理論は物議をかもしました。主な養育者から常に矛盾したメッセージを与えられた子どもは，統合失調症になるリスクが高いという考えを提示したためです。

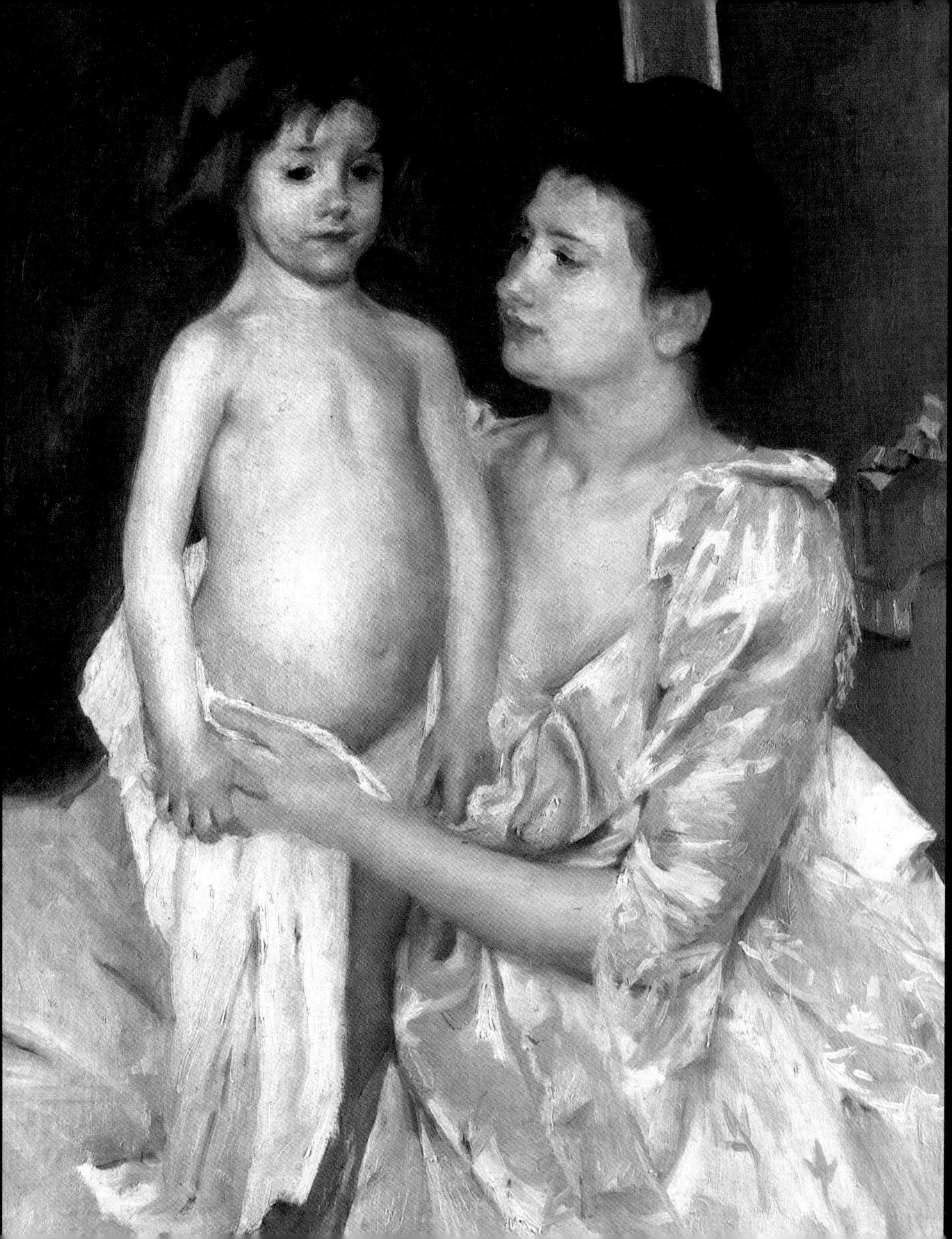

1956年

ロジック・セオリスト

ハーバート・サイモン（1916～2001），アレン・ニューウェル（1927～1992）

人間のように複雑な問題を解決できるコンピューター・プログラムを開発することは，認知科学者の究極の目標です。科学者で研究者でもあるアレン・ニューウェルと政治学者ハーバート・サイモンは協力し，1950年代にこの目標に近づきました。二人の画期的な発明の一つに，コンピューター・プログラムのロジック・セオリストがあります。ニューハンプシャー州ダートマスで開かれた1956年の会議で披露されたこのプログラムは，思考する人間を情報処理装置として説明するというニューウェルとサイモンの発想から生まれました。彼らはこのため，プロトコル分析[3]と呼ばれるものを用いました。参加者に論理的問題を提示し，問題を解く際に考えていることを声に出して言うよう求めます。次にそのプロトコルを分析して，参加者が問題解決で用いたルールとパターンを識別し，得られた見識をもとに，コンピューター・プログラムを組みました。この包括的なアプローチは，人工知能の分野と心理学の分野が互いにアイデアを借用したものとして説明されました。

ロジック・セオリストは，アルフレッド・ノース・ホワイトヘッドとバートランド・ラッセルによる共著『数学の原理』（1910年，1912年，1913年）の基本定理の一部を証明するように設計されていました。同書は，数理論理学に関する3巻組の画期的な研究報告でしたが，ロジック・セオリストが実際にはより洗練された証明をしてみせると，ニューウェルとサイモンはロジック・セオリストを著者として，学術誌で発表しようと試みました（しかし編集者に拒否されます）。ニューウェルとサイモンは，ロジック・セオリストをさらに改良します。現状と問題の最終目標を系統立てて比較するヒューリスティック戦略である手段目標分析を実行するプログラム，GPS（General Problem Solver）を開発し，これを組み込みました。手段目標分析では，それぞれの段階で，現状と目標との間の差を縮める選択肢が選択され，差が0になるまで選択を続けます。当時サイモンは，10年後にはコンピューターがチェスの世界チャンピオンになると確信をもって宣言しました。実際には40年間かかったものの，1997年にディープ・ブルーというプログラムが，世界中でテレビ放送された試合でチャンピオンのガルリ・カスパロフを破ったのです。

参照：機械は思考できるか？（1843年），チューリングマシン（1937年），サイバネティックス（1943年）

[3]観察対象者が話した内容をプロトコルデータとして詳細に精査し，観察対象者の心のなかでどのような過程をたどって物事が認知されているかを分析する手法

メフィスト・アカデミーという製品名のチェスコンピューター（1989年）。サイモンは1956年に，10年後にはコンピューターがチェスの世界チャンピオンになると確信をもって宣言しましたが，実際には40年かかりました。

A
B
C
D
E
F
G
H
TRAIN
INFO
MEM
POS
LEV
FCT
ENT
CL

1957年

抗うつ薬

ローランド・クーン（1912～2005）

結核患者向けに開発中だった医薬品イプロニアジドが，うつ病の治療に有効であることが1952年にわかりました。1958年に使用が認められると，深刻な肺損傷をもたらすことが判明し，その3年後に販売が停止されました。1955年には，スイスの精神病院で統合失調症の患者の治療でイミプラミンの投与が検討されましたが，芳しい効果は得られませんでした。しかし，精神科医ローランド・クーンがうつ病の患者40人にこの薬を試したところ，結果はすべて良好でした。患者は活気を取り戻し，声が大きくなり，うまく意思疎通できるようになり，心気症の症状もほとんどなくなりました。クーンはこの研究結果を1957年に発表します。

イミプラミンはトフラニールという商品名で発売されると，ほどなくして初の三環系抗うつ薬（この種の医薬品は，三環化学構造をもつためこのように呼ばれます）に分類されました。三環系抗うつ薬には，神経伝達物質のノルアドレナリンと，それより程度は低くなりますがセロトニンの再取り込みを阻害する働きがあります。このため，最初のうちは多くのノルアドレナリンとセロトニンが脳内で分泌されますが，口の渇き，便秘，体重増加，性機能障害といった好ましくない副作用が生じるおそれがあります。

阻害作用のある別の抗うつ薬も，イミプラミンのすぐ後に発見されました。モノアミン酸化酵素阻害薬（MAOI:Monoamine Oxidase Inhibitor）として知られる薬品群は，セロトニンやノルアドレナリンなどの神経伝達物質を分解するモノアミン酸化酵素の働きを阻害するものです。MAOIの副作用は三環系の副作用よりもはるかに危険なため，今日ではほとんど処方されていません。

1987年には，第二世代の抗うつ薬がプロザックという商品名でアメリカ食品医薬品局に認可されます。プロザックとその類似薬品は，選択的セロトニン再取り込み阻害薬（SSRI:Selective Serotonin Reuptake Inhibitor）と呼ばれます。その名が暗示するように，これはシナプスでのセロトニン再取り込みを阻害する医薬品です。反応は驚くべきものでした。発売から3年で，プロザックは精神科医に最も多く処方された医薬品となり，1994年までには医薬品として世界で2位の売れ行きを示しました。ほかの抗うつ薬のような副作用がめったになく，実際に精神疾患を患っていなくても，性格改善，減量，集中力の向上を望む何百万人もの人々がこの薬を服用しています。

参照：抗不安薬（1950年），抗精神病薬（1952年）

多くの種類のパッションフラワーはハルマラアルカロイドを含有することがわかっています。これは，抗うつ効果のあるMAO阻害物質であるβ-カルボリン誘導体の一種です。

認知的不協和

レオン・フェスティンガー（1919～1989）

レオン・フェスティンガーは20世紀の代表的な社会心理学者で，人々がどのようにして自己という感覚を制御し，信念と態度の一貫性を保っているのかを理解するうえで多大な貢献を果たした人物です。彼の研究により，アメリカの社会心理学界では社会現象を説明する際に，内面的な認知の状態に目を向けるようになりました。これはアメリカ独自の潮流といえます。現在でも頻繁に引用される彼の著書『認知的不協和の理論』（1957年）は，社会心理学が認知へ舵切りするのに主に貢献した1冊です。

フェスティンガーはニューヨークで育ち，ニューヨーク市立大学シティカレッジで学士号を取得しました。同校の心理学科は，実生活への応用を強調していました。彼はその後，アイオワ大学で修士と博士の学位を取得し，ゲシュタルト心理学者で移民のクルト・レヴィンから影響を受けるようになります。第二次世界大戦後，フェスティンガーはマサチューセッツ工科大学の革新的な集団力学研究センターの一員として，レヴィンとともに働きます。社会心理学におけるフェスティンガーの研究成果はゲシュタルト心理学的なアプローチの賜物でした。特にレヴィンが唱えた，生物は社会的・認知的バランス感覚を保とうとするという原理に沿っていたといえます。

認知的不協和の理論は三つの基本的な想定で成り立っています。一つ目は，認知（または信念や態度）は，ほかの信念と関わりがあるかもしれないこと。たとえば，「私は信仰心が篤い」は「私は定期的に教会に通っている」と関係しています。二つ目は，関連した信念同士が矛盾するおそれがあること。認知的不協和が生じる根拠はまさにこれです。そして三つ目は，人は不協和を緩和し，認知的バランスを回復し，ゲシュタルト（全体的なまとまり）を回復しようと試みるものだということです。

重要な信念や自己認識に関わる場合など，不協和の程度が大きいと，それを緩和しようとする気持ちも強まります。そこで，ほかの重要な関連した認知と相反しないように，不協和を起こす信念または態度を変えればよいとフェスティンガーは論じました。たとえば，バスケットボールが大好きで，自分でも得意だと思っていたのに，高校チームの入団テストに落ちたとしましょう。これにより不協和が生じますが，バスケットボールなんてそれほど大事ではないと自分に言い聞かせれば，不協和の緩和につながるかもしれません。

参照：服従と独立（1951年），根本的な帰属の誤り（1958年）

認知的不協和の概念を示す，イソップ寓話の『すっぱい葡萄』の版画（1879年）。寓話の戯詩は次のとおりです。「この狐は葡萄を欲しがっています。狐は飛び上がって取ろうとしますが，房はそれて取れません。そこで狐は『きっとすっぱい葡萄に決まってる。最初から食べる気なんてなかったよ』と言って立ち去ります」

1957年

心理学の時代

アーネスト・ハウマン（1912～1985）

1957年，2期目を迎えたドワイト・D・アイゼンハワー政権が始まる直前に，心理学者からジャーナリストに転身したアーネスト・ハウマンの連載コラム『Age of Psychology（心理学の時代）』が*Life*誌でスタートしました。同年後半にこのコラムは書籍化されました。アメリカの人気雑誌が心理学にこれほど注目したのはなぜでしょうか。

第二次世界大戦の終焉は，好景気とベビーブームをもたらしました。郊外での生活は，少なくとも中流階級の白人家族にとって，標準的なものとなりました。居住地区のそれぞれの家庭が「いい暮らし」を体現しており，あらゆる家電を買いそろえていました。トースター，電気掃除機，ミキサー，スチームアイロン，濾過《ろか》装置つきのコーヒー沸かし器，ホットプレート，ラジオ（大型の真空管ラジオと小型のトランジスタラジオ），カラフルな冷蔵庫と冷凍庫，日曜大工向けのありとあらゆる電動工具（実際に役立つものはほとんどありませんでしたが），そして何といってもテレビです。

しかし東西冷戦のさなかだった当時，（白人の）家庭生活の文化圏には，核兵器が使用されたらという不安と恐れが満ちていました。さらに隣人との見栄の張り合いにストレスを覚えるようになると，「郊外の苛立ち」を感じるようになります。1950年代の親たちは少年の非行を懸念しました。たいていの親たちは，テレビの発するメッセージやロックンロール，消費文化が強調されると，我が子が社会生活から逸脱するのではないかと心配していたのです。

まさにそんなとき，中流階級の生活に心理療法が取り入れられました。メンタルヘルス，または少なくともそれに対する期待は，お金で買うことができるものになったのです。最初は治療法としては**精神分析**が人気を博していましたが，高額な費用がかかるうえに，「自我は主体的ではなく無意識欲求（エス）や道徳（超自我），現実世界の調整役にすぎない」と考えたり，「幼児期のトラウマ・虐待などの記憶が無意識に抑圧されている」といった原因を議論したりと（人は幼児期に無意識的な問題を抱えている），人間の状態をあまりに悲観的にとらえていたので人気を失います。心理的な支援を求める人々は，人間主義のセラピストやゲシュタルト療法のセラピストによる新たな心理療法は，日曜日の教会での説教と著しくかけ離れたものではなく，アメリカならではの楽観主義に満ちたものだと気づきました。こうした療法を提供する心理学者は宗教色が薄かったぶん，人々をいい暮らしへ導く新たな案内者になりました。心理学の時代とは，このような時代だったのです。

参照：精神分析（1899年），クライアント中心療法（1947年），ゲシュタルト療法（1951年）

ニューハンプシャー州ポーツマスのストロベリー・バンク博物館で再現された，1950年代のリビングルームのインテリア。当時の「いい暮らし」の代名詞の一つとして，テレビセットが据えられています。

1957年

サブリミナル効果

ジェームズ・ヴィカリ（1915〜1977）

テレビアニメのキャラクター，ホーマー・シンプソンはダイエットに役立つサブリミナル・メッセージが含まれたカセットテープを入手しました。ホーマーは気づいていませんが，このカセットテープは実際には語彙を増やすためのものでした。数日後のホーマーと妻マージの会話は次のとおりです。

マージ　：ホーマー，減量のテープで食欲は減った？

ホーマー：ああ，遺憾ながら，まったく減少傾向にないよ。俺の美食的な貪欲さは飽満というものを知らん。

マージ　：そのテープ，効果ないんじゃないかしら。今晩三つもドーナツ食べたじゃない。

ホーマー：標榜《ひょうぼう》語は自制さ。ただ，あの３社連合のトゥインキーは俺の堅忍《けんにん》不《ふ》抜《ばつ》の精神を圧倒した。

サブリミナル・メッセージで体重を減らしたり語彙を増やしたりできるのでしょうか。マーケティング業者のジェームズ・ヴィカリは1957年，意識下に訴えるメッセージを映画に挿入すれば消費に影響を及ぼせると主張しました。こうした広告メッセージは，おそらく無意識に提示された商品の売上を伸ばしたと思われます。この試みは詐欺的だと暴露されたものの，それまでサブリミナル効果という言葉を聞いたこともない多くの人々が，その種の広告が存在し，実際に効果を発揮すると考えるようになりました。

サブリミナル効果は顕在意識では知覚されませんが，実際にそれが存在し，かなりの効果を発揮するということを証明するのは困難を極めました。参加者が見聞きしていないと報告していても，潜在意識に働きかけたと思われるメッセージを本当に認識していなかったと証明するのがほとんど不可能だからです。まさにこれが科学的な観点における問題でした。

ホーマーと語彙を増やすためのカセットテープの場合はどうでしょうか。現在，記憶力の向上，禁煙，減量などに役立つことを意図した記録メディアが多数存在します。典型例としては，ビーチの穏やかな波の音やコオロギの静かな鳴き声が聞こえる一方で，それらの音の「背後」に真のメッセージが隠されているというものです。こうした手法には効果があるのでしょうか。残念ながら，答えはノーです。心理学の研究によれば，このようなアプローチに効果があることを示した証拠は一切ありません。悪魔は細部に宿るかもしれませんが，オジー・オズボーンの曲の背後には隠れていないのです。

参照：精神的放電（大脳皮質への刺激，1941年）

二次元空間では，積み上げられた三次元の立方体がそれぞれ異なる方向を向いているように見えます。このため，高い壁のような鏡が実際にどこを向いているのかを見分けるのは至難の業でしょう。

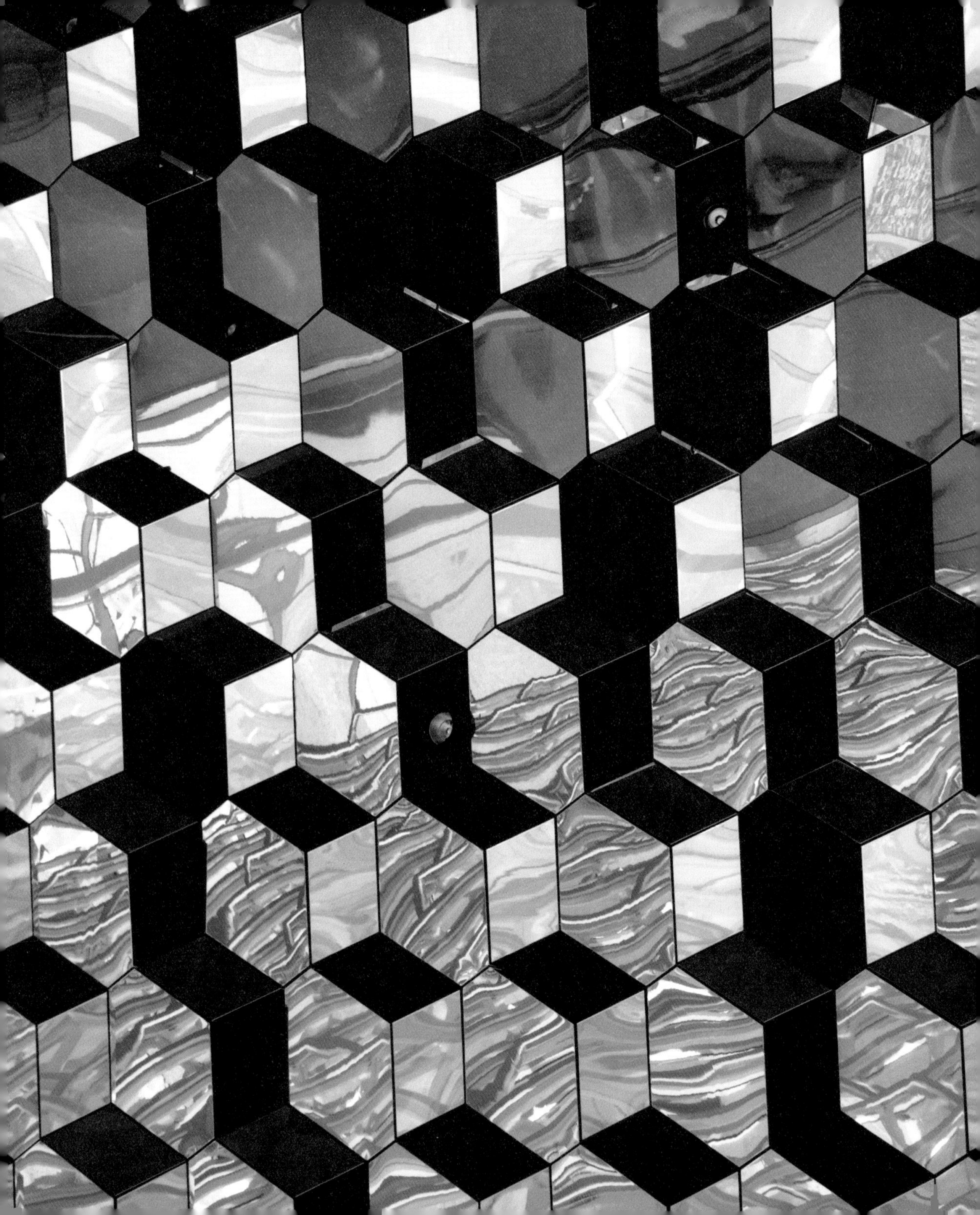

1957年

同性愛は病にあらず

イブリン・ジェントリー・フッカー（1907〜1996）

イブリン・ジェントリー・フッカーは，同性愛者解放運動の先鞭《せんべん》をつけた心理学者として称えられています。アメリカでこの運動は，1969年にニューヨークで発生したストーンウォールの反乱をきっかけに本格化しましたが，彼女はそれより約15年も前の研究で，同性愛者の男性は異性愛者の男性と心理学的適応の点で変わりがないことを示しました。これにより，同性愛の「病理」に対する見方を社会と科学の両方で変革するという重要な役割を担ったのです。

「まぎれもない異性愛者」と自認したフッカーは1950年代初頭，カリフォルニア大学ロサンゼルス校で講師を務めていた頃に，教え子の一人だったサム・フロムと親しくなります。サムはフッカーが信頼できると直感すると，自分と友人の多くが同性愛者だという秘密を打ち明けるとともに，自分たちが異常性愛者でないことを証明する科学的研究を行うように懇願しました。フッカーはこれに同意して研究資金を調達し，同性愛者団体との接触を通して，同性愛者の男性30人のサンプルを集めることができました。当時の臨床医が広範に使用していたロールシャッハ・テスト，**TAT**をはじめとする聞き取り調査と検査を行ったのちに，同じ人数の異性愛者の男性を対照群として集め，同じように検査を実施します。試験実施計画では，実験群と対照群は盲検化およびコード化[4]され，高名な臨床医から成るグループに提示されました。彼らは各30のサンプルを受け取ると，そのなかから同性愛の参加者のサンプルを見分けるよう求められましたが，専門家でも見極めることは不可能でした。

フッカーはこの結果を1955年の**アメリカ心理学会**の会議で発表したのち，1957年に論文として出版します。彼女の研究は，1970年代に『Diagnostic and Statistical Manualof Mental Disorders（以下DSMと略記）』から同性愛が削除されるのに貢献しました。フッカーは生涯を通じて，同性愛者人権運動に積極的に参加しました。

参照：投影法（1921年），DSM-III（1980年）

[4] 盲検化とはそれぞれの参加者がどの群に属しているかを特定できないようにすることで，コード化とは盲検化したデータを識別するためにコードを割り振ることを指します。いずれも医学的試験で標準的に用いられる，人為的な評価の偏りを防ぐための手順です。

舗装道路に光を投げかける虹色の横断幕。2009年にアテネで開催された性的少数者（LGBT）のプライド・パレードにて。

1958年

根本的な帰属の誤り

フリッツ・ハイダー（1896～1988）

アメリカの心理学界は1950年代初頭に，認知革命と呼ばれる時代を経験しました。心理学者のフリッツ・ハイダーの著書『対人関係の心理学』（1958年）は，社会心理学者の注意を，行動の帰属に向けさせることとなった１冊です。1960年代末になると，社会心理学者たちは社会的認知に焦点を当て始めます。そのなかには社会的交流について考えるうえで犯しがちな過ちなどが含まれますが，最も引き合いに出されることが多いのは根本的な帰属の誤りです。つまり，行動とは概して内的な性質（気質）によるものと考えられがちですが，実際には行動が生じる場である外部環境の状況に起因する場合もあるということです。ある研究では，行動の原因が状況にある場合でも，ほとんどの人が他者の行動を内的な性質またはその人本来の気質と結びつけることが示されました。その一方で，自分自身の行動（特に誤り）は，状況に原因があるとみなされがちです。たとえば，アメリカ人が強盗に関する記述を読むと，概して不快で邪悪でさえある人格のせいで強盗行為を働いたと説明しており，それ以外の原因が見過ごされることが多いようです。たとえば，強盗犯は子どもの命を救う手術費を工面したかったのかもしれません。

これは，社会問題の因果関係が何に帰属しているかという，広範にわたる理論のうちの一つです。幾とおりかの説明がありますが，たとえば，公正世界仮説では，失敗がその人自身の問題に起因する場合，失敗はその報いとして当然だと考えられがちであると論じます。こうした考えを抱くと，人は人生をコントロールできると強く信じるようになる半面，ほとんどの場合で被害者が非難されることにつながります。失敗の原因が状況であるなら，より複雑な説明が求められます。つまり，悪いことが起こるのは，社会の構造に問題があるためであり，個人ではどうすることもできないという考えが生まれます。

この原理は，重要な文化的差異を考慮に入れると，いっそう複雑になります。北米と西欧の人々は失敗の原因を人の気質にかかわる要因に求める傾向が高いといえます。これに対し，人間関係と相互依存の重要性を強調する社会に生きる人々は，行動を状況的な要因の結果とみなす傾向が高くなります。

参照：ホーソン効果（1927年），服従と独立（1951年），認知的不協和（1957年）

サミュエル・D・エルハートが描いた『The Modern War God（現代の軍神）』のイラスト。1905年刊行の*Puck Magazine*に掲載されました。ローマ神話の軍神マルスに扮したユダヤ人男性が金銭のシンボルを身にまとい，「Marsheim Bellonaberg & Co.」，「Ordnance Dept.」という看板を掲げた軍需品販売店の軒先に立っています。このような人種差別的な風刺画は，状況的要因というよりは，固定観念となっている特質に行動の原因を見いだそうとする人々の傾向が反映されています。

MARSHEIM BELLONABERG & Co.
APPOINTMENT TO H.I.M THE CZAR & MIKADO
CASH VOBISCUM
War Loans A Specialty
Ordnance Dept.

1958年

（代理母の）母性愛

ハリー・ハーロウ（1905～1981）

ウィスコンシン大学の霊長類研究所の研究者は1950年代に，隔離して育てた猿が知能の研究でほとんど役に立たないことを知って驚きます。そうした猿は，実験でも刺激に鈍感なことが多く，そっぽを向いているか，または元気がありません。研究者はその後，猿が床の冷たさを和らげるために，ケージ内に置かれた布製おむつにしがみついていることに気づきます。研究室長のハリー・ハーロウはこの観察に基づき，「幼児が母親に対して抱く愛情の源泉」を明らかにするために実験を設計しました。

ハーロウは1950年代に，身体的な触れ合い，感情，愛情の重要性に関する自らの考えを試すために一連の実験を考案し，それらの研究すべてについて1958年に*American Psychologist*誌で初めて公表しました。彼の実験では，針金でつくられた2体の「母親」の人形を用意しました。どちらも授乳用の乳首がついていましたが，片方の人形の針金はむき出しで，もう片方はタオル地の布でくるまれていました。8匹の猿の新生児は両方の母親に等しく近づくことができ，針金がむき出しの母親から4匹が，タオル地にくるまれた母親から残りの4匹が授乳されました。子猿の体重は増え，どちらの母親が授乳したかにかかわらず成長するなど，授乳の面では二つの群に違いは見られませんでした。ところが，母親に対する心理学的反応については重要な違いがありました。8匹の猿すべてがタオル地の布にくるまれた母親のほうと長い時間を過ごし，成長するにつれてその時間は増える一方でした。当時，主流だった理論に従うと，幼児は食べ物を与えてくれる母親と多くの時間を過ごすと予測されていました。しかしハーロウの実験で，触れ合いによる心地よさのほうが，おそらく絆，感情，愛情の面でより重要であるとわかったのです。

ハーロウはさらなる実験で，赤ちゃんが怯えているときは柔らかい代理母が重要な避難所の役割を果たし，おそらく幼児はそこを安全地帯として周りの環境を探検できるようになると突き止めました。これらの発見は，ジョン・ボウルビィとメアリー・エインスワースによる愛着に関する同時代の研究を補完しました。まさに愛情は，栄養源に勝るものなのです。

参照：発育不良（1945年），愛着理論（1969年），ストレンジ・シチュエーション法（1969年）

子猿が母親に愛着を抱くためには触れ合いによる心地よさが必要なのだと，ハーロウは1950年代に行った実験で示しました。

1958年

道徳発達

ローレンス・コールバーグ（1927～1987）

人生のなかで道徳的な判断を迫られることは誰にでもあります。心理学者のローレンス・コールバーグは道徳判断の発達を詳説し，当時イギリスが委任統治していたパレスチナにユダヤ人難民が入植するのを支援しました。なぜなら，イギリスの法律を遵守するよりも，ユダヤ人国家の建設を手助けするほうが高尚な道徳的目的だと信じたからでした。

コールバーグは，道徳的原理の発達過程を理解することに人生を捧げました。彼は1958年の博士論文で，人間が道徳的価値の葛藤を解決する方法に関する研究を初めて発表します。そして残りのキャリアで，自らの理論が意味するものは何かをひたすら探求しました。さまざまな年齢層の人々に道徳的価値の葛藤を提示し，その反応を分析しました。彼が示した典型的な道徳的価値の葛藤は次のようなものです。

ハインツの妻はがんで死の淵に立っています。地元の薬剤師が彼女の命を救える薬を発明したものの，2000ドルを請求します。これは，薬の作成費用の10倍に相当します。ハインツは妻の命を救うために薬を盗むべきか，あるいは法律に従う代わりに薬を入手できぬまま，妻をみすみす死なせるべきでしょうか。その理由は何でしょうか。

コールバーグは参加者の反応の分析をもとに，道徳発達は六つの段階を経ると論じました。幼児は罰を避け，報酬を得ることに重きを置くという前慣習的水準に基づき行動します。第一段階では罰と服従に根差しており，そこで最も重要な価値観とは罰を避けるための服従です。第二段階では，自らのニーズを満たすことが基準になります。青年とほとんどの成人は，社会的な規範に重きを置いた慣習的な道徳的推論能力を発達させます。これ以後の二段階では，道徳的行動とは他者を喜ばせること（第三段階）から，法律を順守する善良な市民であること（第四段階）へと定義が移行します。最終的に，後慣習的な道徳観を発達させる成人もいます。これには二つの段階があり，常に交渉可能な社会契約に基づく道徳（第五段階）から始まります。普遍的な倫理原則は，最高の形の道徳観（第六段階）の基盤となります。ここでは，法律と社会的慣習を超える価値観が人々を導きます。マハトマ・ガンディーとマーティン・ルーサー・キング・ジュニアは，この最高段階に到達した人物の好例です。コールバーグが唱えた最後の段階は，必ずしもすべての研究者に認められたわけではありません。しかし，最高レベルの道徳的推論能力に関するさらなる研究につながりました。

参照：発生的認識論（1926年），生態学的システム理論（1979年）

コールバーグによると，マハトマ・ガンディーは道徳発達の最高段階に達した人物です。1920年代末に撮影されたこの写真では糸車を回しています。

1958年

適切な資質の選択

ジョージ・E・ラフ・ジュニア（1928～2017）

1957年10月から11月にかけて，ソビエト連邦は二人の宇宙飛行士を立て続けに宇宙へ送り出しました。この出来事に驚いたアメリカでは，教育現場での科学教育の重要性がこれまでになく強調されました。ソビエト連邦による有人宇宙飛行の成功は，当時まだ計画中だったアメリカの宇宙プログラムに刺激を与えました。ドワイト・D・アイゼンハワー大統領はアメリカ航空宇宙局（NASA:National Aeronautics and Space Administration）を設立し，法令によりアメリカ軍所属のパイロットのみが宇宙飛行士として選ばれる資格があると定めました。このイニシアチブはマーキュリー計画と呼ばれました。

宇宙飛行士はどのように選抜されるのでしょうか。1958年の初期の基準は，ジェット機を1500時間以上操縦した経験があるかどうかで，110人のパイロットがこれを満たしました。また，NASAは候補者全員が厳格な医学検査と心理テストを受けるべきと定めました。精神科医だったジョージ・E・ラフ・ジュニアは心理テストを担当しました。医学検査はニューメキシコ州で，心理テストはオハイオ州デイトンのアメリカ空軍航空宇宙医学学校で行われました。

ラフと彼のチームは，四つの基本的なタスクを定めました。すなわち，職務への適格性の判断，求められる個人的特性の決定，どの評価ツールを使用すべきかの決定，そして選抜プロセスの検証です。そのうえで，各候補者を17の心理的カテゴリーで評価することで合意しました。たとえば，パイロットはストレスへの対処法，順応性，防御性，衝動性という見地から評価されることになりました。

これらのカテゴリーの成績をどうやって測定するのでしょうか。ラフは同僚とともに，31の評価に加えて，精神医学的な判定を下すために2回の面談を行うことにしました。人格とやる気は，ロールシャッハの**投影法**，**TAT**，**ミネソタ多面的人格目録**（**MMPI**），その他10種類のテストを組み合わせて評価しました。知能と特定の能力は，ウェクスラー成人知能検査，ミラー類推テスト，空間定位テスト，その他9種類のテストで測定しました。また，宇宙飛行士の候補者は感覚遮断，加速，熱などのストレス耐性テストでもすぐれた成績を修めなければなりませんでした。

これらの一連のテストに基づき，NASAは110人の候補者から7人の宇宙飛行士を選びました。適切な資質（ライトスタッフ）の持ち主はこうして選ばれたのです。

参照：投影法（1921年），TAT（1935年），感覚遮断（1937年），ストレス（1950年）

宇宙飛行士のブルース・マッカンドレス二世はスペースシャトル・チャレンジャー号の外に出て有人操縦ユニットを操作しました。人類初の命綱なしの船外活動です（1984年2月）。

1958年

系統的脱感作法

メアリー・カバー・ジョーンズ（1897〜1987），
ジョセフ・ウォルピ（1915〜1997）

アメリカの発達心理学者メアリー・カバー・ジョーンズは1924年に，白いウサギに対する幼児の恐れを軽減させる方法をいろいろと試した結果を発表しました。彼女は，直接の条件づけが最も有効な手法だと突き止めました。この手法では，楽しくて緊張を和らげる刺激（食べ物など）をウサギと一緒に示します。子どもが好きな食べ物の前にウサギを徐々に近づけるにつれ，子どもは前より我慢強くなり，最終的にはウサギを怖がらずに触わることができました。それから長らく，ジョーンズの研究は忘れられていました。

やがて1950年代に入ると，南アフリカの医師ジョセフ・ウォルピが不安障害を治療するために系統的脱感作法を考案します。対話療法の進行の遅さに苛立ちを覚えたウォルピは，不安感情と相いれない刺激や活動を一緒にすれば，不安の「拮抗《きっこう》条件づけ」ができると考えたのです。彼は当初この治療を「逆制止による心理療法」と呼び，1958年に出版した著書にも同じタイトルをつけました。ただし，現在この治療法は系統的脱感作法として知られています。

系統的脱感作法では，逆制止によって人の不安を次第に和らげます。医師のエドモンド・ジェイコブソンが1938年に開発した漸進的筋《ぜんしんてききん》弛《し》緩法《かんほう》も，拮抗条件づけに用いられました。まず患者はリラックスした状態を保つように訓練されます。次に，恐れを引き起こす対象，思考，状況を，最も脅威的にではなく穏当な形として患者に提示します。患者がリラックスした状態を維持できるにつれて，恐れや不安の度合いを少し高めた対象，思考，状況が提示されます。かつては最も脅威に感じた状態で，恐れや不安のもととなる刺激が提示されても患者がリラックス状態を保てるようになるまで，通常ではこのプロセスを何度も繰り返します。患者はこうして恐れを捨て去ることができるのです。

ウォルピがこの手法を開発した後，彼やその他さまざまな行動療法士は，実際にはジョーンズがはるか以前に系統的脱感作法を考案していたことに気づきました。ジョーンズは初期の研究により「行動療法の母」と称されたのです。

参照：古典的条件づけ（1903年），スキナー箱（1930年），トークン・エコノミー（1961年）

逆制止を用いた系統的脱感作法によって，高所恐怖症（高所に対する恐怖）をはじめとする恐怖症を徐々に克服することができます。

1959年

タイプA

メイヤー・フリードマン（1910～2001），**レイ・ローゼンマン**（1921～2013）

二人の心臓医が1959年に，大勢の男性患者が同じような行動様式を示していると報告しました。診療所で観察していると，彼らは総じて気が短く，時間をしきりに気にし，不安そうで，何かを成し遂げようと焦り，仕事のことで頭がいっぱいでした。これは，当時の企業文化における典型的な人物像です。ローゼンマンとフリードマンがこうした男性患者の行動に気づいたきっかけは，患者に八つ当たりされた診療所の調度品が頻繁に傷つき，取り換えなければならなくなったためでした。ローゼンマンとフリードマンは冠状動脈性心疾患の経過を観察し，行動学的・心理的要素が心臓の問題に関わりがあるのではという疑いをもつようになります。この行動様式はタイプA行動パターンと名づけられ，1970年代初期までには広範に研究されるようになりました。

この発見がもたらされた時期は，アメリカ文化のライフスタイルと健康が新たに注目を浴びるようになった頃でした。1960年代までに，死亡と障害の主な原因は冠状動脈性心疾患，がん，脳卒中，事故となっていました。これらの疾患で，個人的にも公的にも多大な費用負担がのしかかりました。たいていの疾患には重要な行動学的・心理的要因があることが衛生研究で明らかになりました。不健康な行動を改善し，人格を変えることができれば，国家にとってもメリットが見込めます。冠状動脈性心疾患は，健康についてより総合的に考える必要があり，その研究と治療には心理学専門家の助力が求められていることを示す，模範的な例です。タイプA行動は，一般の人々が心と健康の関係について考えるきっかけとなりました。

研究では当初，時間を気にしすぎ，過度に何かを成し遂げようと駆り立てられ，不安に起因する攻撃性を示すタイプA行動は心臓疾患と関わりがあると示されました。しかし，その後の研究により，行動学的・心理学的要素は攻撃性に絞り込まれ，それは心理療法を通じて管理可能であるとわかりました。こうして冠状動脈性心疾患の治療で，心理学者に新たな役割が与えられたのです。

参照：ストレス（1950年），健康の生物心理社会モデル（1977年），心身医療（1993年）

絶えず時間に追われているという感覚は，タイプAの主な特徴の一つです。

1959年

日常生活における自己呈示

アーヴィング・ゴッフマン（1922～1982）

ウディ・アレンは1983年の映画『カメレオンマン』で，周囲の人々に合わせて自分を変えてしまうという超人的な能力をもつ男，レナード・ゼリグの役を演じました。アレンがこの映画のアイデアをどこから得たにせよ，社会学者のアーヴィング・ゴッフマンが1959年に発表した著書『行為と演技――日常生活における自己呈示』で論じた内容と映画のテーマは相通ずるものがありました。社会科学者ジョージ・ハーバート・ミードとチャールズ・クーリーは，自己というものは社会と関わりをもつことによって生じると論じていました。ゴッフマンはこれを根拠に，社会生活のドラマツルギー（または演劇的）モデルと呼ばれるものを提案しました。このモデルでは，社会的アイデンティティはその人が果たすさまざまな役割により構成されます。各自が，自分にとって都合のいい印象をもってもらえるよう，自分がもつさまざまな面を見せようとします。特に重要なことは，世間に自分がどのように見られたいかです。ゴッフマンは，これが社会的相互作用の道しるべになると論じました。人は舞台で演じるかのように人生を送ります。社会的相互作用とは，いわば演技なのです。謙虚，知的，あるいはその他さまざまな好ましい特性を何かしら備えていると思われたいと望むと，それがその人の「顔」，つまり相手に抱いてもらいたい自分のイメージになります。これは相互作用でもあるので，相手はあなたと協力して，実際にあなたがそのような人物だと信じようとして，相手も同じように自分の顔を示すときにはあなたに協力を求めます。

ゴッフマンの主張は説得力があり，いろいろな分野の学者に影響を及ぼしました。たとえば文化史家は，ルネサンス期のフィレンツェのイタリア人科学者が科学プロジェクトの後援を得るために，メディチ家の邸宅で自己呈示をどのように入念に管理したかを研究しています。ゴッフマンの時代から現在に至るまで，心理学の研究では，自意識，セルフ・ハンディキャッピング，印象操作の面から，ゴッフマンの理論が意味することを探ってきました。

参照：アイデンティティの危機（1950年），社会的アイデンティティ理論（1979年）

記者会見中の元ファーストレディ，エレノア・ルーズベルト。1956年9月16日，ニューヨークにて。

1960年

燃え尽き症候群

グレアム・グリーン（1904〜1991），
ハーバート・フロイデンバーガー（1926〜1999）

イギリスの作家グレアム・グリーンは小説『燃えつきた人間』（1960年）で，ハンセン病施設での活動に意義を見いだそうとしながらも，**ストレス**と宗教的信仰の喪失に苦しむ建築家の物語を綴りました。この小説の発表から14年後，心理学者のハーバート・フロイデンバーガーは題名を借用し，仕事に過度に没頭して働きすぎることで生じる疲労した状態について述べました。「燃え尽き症候群」という用語は，ストレスとその健康への関連性に注目が集まった時代に，医療従事者と一般の人々の間で広く使われるようになりました。これは人助けをするような職業によく見られる症状です。通常は仕事に関連して発症しますが，死期の近い患者の世話をするなど，強い対人ストレスを伴う状況でも生じるおそれがあります。燃え尽き症候群は，『International Classification of Diseases（疾病及び関連保健問題の国際統計分類，以下ICDと略記）』第10版の障害一覧に載っていますが，アメリカ精神医学会のDSM-5では扱われていません。

燃え尽き症候群は，科学者と精神医療従事者により活発に研究，議論されてきました。心理学者のクリスティーナ・マスラークは，1970年代から燃え尽き症候群について初めて系統的に研究した学者の一人でした。マスラークは同僚とともに，燃え尽き症候群には情緒的疲労感，離人症，能率低下などが伴うことを発見しました。第一段階では，感情表現が乏しくなるという自覚があり，第二段階では同僚や顧客に対して皮肉と冷淡な感情を抱き，第三段階では職業的および個人的生活を適切なレベルで送ることがもはや不可能という感覚を抱きます。

ある研究によると，上司や顧客からのポジティブなフィードバックや適切な支援がなく，非現実的な成果を求められている場合に，燃え尽き症候群が起こる可能性が最も高いことがわかっています。効果的な介入としては，仲間による社会的支援の増加，要求に対応するリソースの増加，運動，趣味，相談できる友人などが挙げられます。燃え尽き症候群は現代生活で典型的に見られるもので，効果的な対処が求められます。

参照：ストレス（1950年），レジリエンス（1973年），ハーディネス（1979年）

燃え尽き症候群は，仕事に過度に没頭して働きすぎると発現し，人助けをするような職業で最も頻繁に生じます。しかし，年老いた親や病気の配偶者の介護など，強い対人ストレスを伴う状況でも生じるおそれがあります。

視覚的断崖

エレノア・ジャック・ギブソン（1910～2002）

奥行きを認知する能力は，生まれつき備わっているものでしょうか。それとも経験を通じて学ぶものでしょうか。動作は，動物が世界を認知する方法に影響を及ぼすでしょうか。一連の洗練された実験を通して，心理学者のエレノア“ジャッキー”ギブソンは知覚発達の現代科学の基礎を築きました。1960年に*Scientific American*誌に掲載されて話題を呼んだ視覚的断崖に関する研究でも，彼女はよく知られています。

同僚のリチャード・ウォークとともに，ギブソンは経験が奥行きを認識する知覚能力に影響を及ぼすかどうかを調査する実験を考案しました。テーブルの上に分厚いガラスの平板が置かれ，手前半分はガラスのすぐ下に格子模様が見えるようになっています。もう半分は，ガラスのすぐ下ではなく30cmほど下の床に格子模様があります。ガラスの平板はテーブルの全長にわたり続いているため，実質的には安全なのですが，視覚的に見ると，手前半分から先が断崖になっているように見えます。

ギブソンとウォークは，人間の幼児とさまざまな種類の動物の子どもが視覚的断崖を越えて這っていけるかどうかを実験しました。実験対象となった人間の赤ちゃん36人は生後6カ月から14カ月で，全員がはいはいをします。板の中心に置かれた赤ちゃんに向かって，母親が「断崖の手前側」か「断崖の向こう側」のいずれかから声をかけます。ほとんどの赤ちゃんは母親に呼ばれると板の中心から動きましたが，断崖の向こう側にたどり着いたのは3人だけでした。ほかの多くの赤ちゃんは断崖をのぞき込み，ガラス板を軽く叩いたものの，それを乗り越えようとしませんでした。ギブソンとウォークは，赤ちゃんははいはいを学ぶ頃に奥行きを認識する知覚能力を身につけると結論づけました。つまり，おそらく経験は奥行き知覚にほとんど影響を及ぼさないということです。その他の動物での実験では，奥行き知覚は移動能力の発達と関わりがあると確認されました。

参照：成長研究（1927年）

エレノア・ギブソンとリチャード・ウォークが設計した「視覚的断崖」の上をはいはいをする赤ちゃんの写真。コーネル大学にて（1960年）。

1960年

認知能力研究所

ジェローム・ブルーナー（1915〜2016），**ジョージ・ミラー**（1920〜2012）

20世紀半ば，堅苦しく時代遅れになっていたハーバード大学の心理学科で二人の科学者が旋風を巻き起こしました。彼らは，既成概念にとらわれずに考える方法を心得ていたのです。ジェローム・ブルーナーとジョージ・ミラーはハーバード大学で心理学の博士号を取得後，新たな経験を求めました。ブルーナーはイギリス，ミラーはスタンフォード大学行動科学高等研究センターに活躍の場を求めます。二人には共通点がもう一つありました。それは，第二次世界大戦中のアメリカ軍を対象に研究をした複数の専門分野から成る大規模チームの一員だったことです。

ブルーナーとミラーはカーネギー財団から助成金を得て，ハーバード大学認知研究センターを1960年に共同で設立します。センターの所在地は，心理学者のウィリアム・ジェームズの実家があった場所でした。複数分野にまたがるブルーナーとミラーの経験はこのセンターで強化され，発達心理学，実験心理学をはじめとする複数の下位分野の心理学者が集まりました。法律，歴史，美術史，社会学のみならず，人類学，言語学，人工知能という新たな分野を専門とするメンバーもそろいました。人間を理解するという共通の関心のもと，彼らは一堂に会したのです。毎週の学会には，当時を代表する思想家たちが世界中からやってきました。

このセンターが主に貢献したのは，心理学を心についての研究に回帰させることでした。特にアメリカの心理学は行動に関する研究を重視しすぎたため，従来の人間の経験を研究することから遠くかけ離れていたのです。センターの設立から10年経たないうちに，認知心理学の最初の教科書が出版されました。そしてアメリカ人は，ジャン・ピアジェが行った人間の理性に関する独創的な研究を再発見しました。ブルーナーとミラーは（学問の）既成概念にとらわれずに考える慣習を開拓したと評する人もいます。

参照：発生的認識論（1926年），サイバネティックス（1943年）

マサチューセッツ州ケンブリッジ，アービング・ストリート95にあったウィリアム・ジェームズ旧宅がハーバード大学認知研究センターになりました。

1961年

豊かな環境

デビッド・クレッチ（1909～1977），**マーク・ローゼンツワイグ**（1922～2009）

知能の発達という観点で，子どもにとって生育環境は重要でしょうか。現在ではたいていの人々が当然ながら重要だと考えていますが，20世紀半ばにには心理学者の大半が環境はそれほど重要でないという考えをもっていました。知能はほとんどの場合，生まれつきのものだとみなされていたのです。しかし1950年代までに，何人かの研究者グループが知能は生まれつきのもので，変えることはできないという固定観念に異議を唱え始めました。

カナダの心理学者ドナルド・ヘッブは，自宅で育てた標準的な実験用ネズミは研究室で育てられた同種のネズミよりも実験でよい働きをすると記しました。ヘッブによる報告は，デビッド・クレッチとマーク・ローゼンツワイグという二人の若き科学者の関心をそそりました。彼らは1950年代に，脳の神経結合に好ましい影響を与える豊かな環境について調査する研究プロジェクトを開始し，生化学者のエドワード・ベネットと神経解剖学者のマリアン・ダイヤモンドを研究メンバーとして引き入れました。

「自家飼育」のネズミに関するヘッブによる説明に基づき，クレッチは同僚とともに2種類の環境でネズミを育てました。対照群は研究室の標準的な環境で育てられ，実験前も単に一緒にケージのなかで飼育されていました。実験群のネズミは，標準的な問題解決テストを受ける前に，複数のおもちゃをケージに入れ，遊ぶ機会を与えるという豊かな環境で育てました。神経接合の数を調査するために，両グループのネズミの脳は解剖でスライスされました。

この研究結果に関する初の完全な説明は，1961年に公表されました。豊かな環境で育てられたネズミには，研究室の標準的な環境しか経験していないネズミよりもはるかに多くの神経結合があることがわかりました。この研究結果は，環境と経験（すなわち育ち）が知能に決定的な違いをもたらす可能性があることを示すとともに，当時のほかの科学的発見と一致していました。その他の研究とともに，クレッチと同僚による研究は**ヘッドスタート**の創設につながりました。

参照：行動遺伝学（1942年），ヘッドスタート（1965年）

旧アメリカ連邦保障局が撮影したピアノを弾く二人の少女。このような「豊かな」環境では脳内でより多くの神経結合が形成されることが，複数の研究で明らかになりました。

1961年

トークン・エコノミー

テオドロ・アイロン（1929～），ネイサン・アズリン（1930～2013）

トークン・エコノミーの基本原則は何世紀にもわたり実践されてきました。商品やサービスと交換することのできる紙幣や硬貨を得るために働くという考えは，本質的にトークン・エコノミーの概念です。ただし，行動を特定の好ましいものに変えるように促すため，トークン・エコノミーを取り入れるという発想を，心理学の分野で最初に系統立てて実践した人物はテオドロ・アイロンとネイサン・アズリンです。彼らの実験は，イリノイ州立アンナ病院で1961年に行われました。

アイロンとアズリンは，B・F・スキナーが展開したオペラント心理学の教育を受けた行動心理学者で，入院中の統合失調症患者が精神病棟で実際の生活に則した行動をとれるようにすべくトークン・エコノミーを初めて導入しました。トークン・エコノミーを端的に言うと，トークンの強化子[5]によって望ましい行動を引き出すことを目指して設計されたシステムのことです。これは本質的に無価値ですが，おもちゃ，食べ物，特権といった主な強化子と交換可能なポイントやチップという形態をとる場合があります。

トークン・エコノミーは急速に広まり，病院だけでなく，学校の教室，刑務所，その他さまざまな施設や環境下でも使用されました。囚人や精神病患者など無防備な集団でトークン・エコノミーを用いることは，1970年代初頭には厳格な審査対象となり，とりわけアメリカの連邦刑務所制度のもとでその傾向は顕著でした。囚人に毎日のシャワーや屋外に出るといった基本的な権利を認めない代わりに，善行をすれば与えられる特権としてそれらを許可するという慣習は批判にさらされました。トークン・エコノミーはこの頃にピークを迎えた後，広範な実践という点ではすたれていきました。しかし，今日でもさまざまな行動上の困難や課題を克服するために，特に子どもを対象に実践されています。

参照：アルビノ・ラット（新行動主義，1929年），スキナー箱（1930年），ティーチングマシン（1954年）

[5] トークンとは実際に金銭的価値はありませんが金銭の代わりとなるものです。それを用いて，特定の行動を起こさせる動機づけをすることをトークンによる強化といいます。

チップやカードは1960年代，精神病棟で好ましい行動を促進するためにおもちゃ，食べ物，特権と交換される強化子の役目を担っていました。

A
K

1961年

バイオフィードバック

ニール・ミラー（1909～2002）

著名な心理学者だったニール・ミラーは1961年に驚くべき主張をしました。自律神経系は，ほとんどの身体プロセスを無意識に調整するシステムですが，人はこれをコントロールする術を学べるというのです。その主張に従うと，心拍数から便通に至るまでの基本的な人体機能を制御できることになります。当時の同業者によれば，ミラーの主張は「聴衆を愕然とさせました。ミラーは名高い研究者で，イェール大学の研究室長でしたが，ある意味でこれは科学的に異端の考え方でした。自律神経系が制御不能で，文字どおりに自律的であることは衆知の事実でしたから」。

ミラーの主張は，脳の空腹中枢と渇中枢の電気的刺激に関する研究から派生したものでした。彼は，研究で得た知見を人間に適用できるかもしれないと考え，バイオフィードバック技術を開発しました。その根拠になったのは，不随意の身体プロセスが報酬を用いた訓練に敏感に反応するという理論でした。1960年代後半までに，人体に電極を取りつけ，血圧，心拍数，筋収縮，体温，呼吸パターンに関するフィードバックを提供できるバイオフィードバック装置がつくられました。電極を取りつけられた人は，リズミカルな呼吸や可視化技術の使用など，一連のリラクゼーション療法を受けます。参加者がリラックスしている間に，ビデオモニターを通じて生理的なフィードバックが継続的に与えられます。これにより，どのような心の動きで望ましい結果（たとえば心拍数や体温の低下）を得られるのかがわかります。参加者は次第に，どうすれば外部装置なしでも望ましい結果を得られるかを学んでいきます。

今ではバイオフィードバックは**心身医療**のツールキットの一部となり，マインドフルネス瞑想，弛緩訓練，誘導イメージ療法と関連づけられています。また，慢性痛管理や片頭痛，高血圧，喘息，不安，ADHD（Attention-deficit/hyperactivity disorder）など，さまざまな不調の治療に効果があることがわかっています。

参照：釈迦の四諦（紀元前528年），心身医療（1993年）

マッスル・ウィスラーは，ハリー・ガーランドとロジャー・メレンが開発した初期のバイオフィードバック装置でした。表面筋電図（EMG:Electromyography）信号を測定して音に変換します。

OUTPUT OFF
THRESHOLD
MUSCLE WHISTLER

1961年

ボボ人形（観察学習）

アルバート・バンデューラ（1925～）

第二次世界大戦後に新たに整備されたアメリカの郊外では，国が繁栄し，テレビをはじめとする多くの家電に囲まれて暮らしていたにもかかわらず，大勢のアメリカ人が不安を感じていました。1950年代の10年間で，子どもがテレビ番組の悪影響で社会不適合者になるのではないかと親たちは心配し，中流階級における少年非行への不安が初めてピークに達しました。

このような世相のなか，若き心理学者アルバート・バンデューラは思春期の攻撃性の根本的原因について研究を始めました。彼が1961年に初めて発表した有名な研究は，パンチされたり叩かれたりしても起き上がる，空気で膨らませたおもちゃのボボ人形を用いたものでした。この研究では，3歳から6歳までの子どもたちを三つのグループに分けました。具体的には，（1）大人の手本役がボボ人形に攻撃的に振る舞う様子を見るグループ，（2）大人の手本役がボボ人形と遊んでいても攻撃的に接しない様子を見るグループ，（3）対照群として大人の手本役がいないグループです。この結果，人形に対する攻撃性を目の当たりにした子どもたちは男女ともに，機会があると攻撃的な行動を示す可能性がはるかに高くなることがわかりました。また，男児は攻撃的な大人の男性を見たとき，女児で攻撃的な大人の女性を見たときに，攻撃的に振る舞う確率が上昇しました。

その後の数年間で，バンデューラはこの研究を洗練させ，観察学習または社会学習と呼ばれる理論を展開しました。すなわち，人は他者を観察することで学習するということです。バンデューラの研究により，手本役の特徴（性別，年齢など），観察者の特徴（自己肯定感，過去の経験など），与えられる報酬（ほめ言葉，物質的なほうびなど）が重要な要素であることがわかりました。

バンデューラの観察学習のモデルはさまざまな状況に応用されています。たとえば，暴力的なテレビ番組を見たり，暴力的なテレビゲームで遊んだりすると攻撃的な行動を起こす確率が上がるという所見を裏づけるために用いられました。

参照：アルビノ・ラット（新行動主義，1929年）

バンデューラが考案した観察学習の実験で使われたボボ人形

1961年

人間性心理学

カール・ロジャーズ（1902～1987），アブラハム・マズロー（1908～1970）

1950年代，アメリカの心理学界に「第三勢力」が登場し，1961年の*Journal of Humanistic Psychology*創刊を機に組織的な発言力をもつようになりました。人間性心理学は，無意識の性的衝動と攻撃的衝動を強調する**精神分析**に取って代わるものでした。また，人間性心理学は，人間が強化と罰に機械的に反応する者とみなした**行動主義**とその考え方も否定しました。

人間性心理学は，この世における個人の経験と有意義な人生を送ろうとする努力に焦点を当てて，現象学や実存主義を論じた古い時代の哲学者たちの影響下にありました。しかし，新しい人間性心理学者はヨーロッパ哲学の悲観論を否定し，人間の潜在能力と人間が本来もつ心理的成長能力について楽観的な見方を示したのです。カール・ロジャーズは画期的な**クライアント中心療法**で当時すでによく知られており，人々が支障なく自分らしく生きることができるように支援することを目指しました。アブラハム・マズローは**欲求階層**と，自己実現の頂点と考えられた至高体験の研究への参加の呼びかけを通じ，大勢の心理学者を感化しました。第三勢力を生み出そうと集結した心理学者たちは，マッカーシズムが台頭する服従の時代を生き抜いた世代でした。当時のアメリカでは，モノの所有と裕福になりたいという願望に最大の価値を置いた大量消費文化が主流となっていました。人間性心理学者は，服従と大量消費は本当のニーズを知ろうとする人間の能力を弱め，自分らしい人生を送る妨げになると主張しました。そして，創造性や行為主体性，自由意思，志向性，自己決定，想像，価値観といった人間を人間たらしめる特質に再度目を向けるように提起したのです。

人間性心理学は1960年代，個人レベルでは人々が有意義な人生を送る術を学ぶ場となっていた心理療法士の診療所で広く実践されました。かたや大衆レベルでは，人間性心理学者が説いた人間の潜在能力と自分らしい人生を送ることの大切さは，新興の反体制文化（カウンター・カルチャー）と共鳴したのです。

参照：欲求階層（1943年），クライアント中心療法（1947年），トランスパーソナル心理学（1968年），フロー（1990年），ポジティブ心理学（2000年）

カウンター・カルチャーの音楽イベント「マントラ・ロック・ダンス」の宣伝ポスター（1967年）。人間性心理学はこの時代に盛んになりました。

KRISHNA CONSCIOUSNESS COMES WEST
SWAMI BHAKTIVEDANTA · ALLEN GINSBERG
THE GRATEFUL DEAD · MOBY GRAPE
BIG BROTHER & THE HOLDING COMPANY
MANTRA · ROCK DANCE
SUNDAY JAN.29 AVALON BALLROOM 8PM
SUTTER & VAN NESS $2.50 BRING CUSHIONS, DRUMS, BELLS, CYMBALS
PROCEEDS TO OPENING OF SAN FRANCISCO KRISHNA TEMPLE
LIGHTS BY BEN VAN METER AND ROGER HILLYARD

1962年

分離脳の研究

ロジャー・スペリー（1913～1994）

脳科学者のロジャー・スペリーは1960年代初頭に，重度のてんかん患者を対象とした研究プログラムを開始しました。神経外科医たちはその数年前，脳の両半球をつなぐ神経線維の束，すなわち脳梁《のうりょう》を切断する手術を始めていました。これにより，てんかん患者の発作の頻度を減らせると期待されましたが，手術の全体的な効果を検証するために術後の患者を調査した者は誰一人いませんでした。実際のところ，ほとんどの患者の手術後の行動と人格は至って正常に思われ，一般に最も深刻な発作も軽減されていたからです。このような「分離脳」の患者を通じて，人の意識を理解できるかもしれないとスペリーは考えました。脳の左右の半球は，能力と機能に違いがあるのでしょうか。もしそうなら，それを分かつものは何で，どのような違いをもたらす可能性があるのでしょうか。スペリーは1962年，脳梁切断の結果を調べた決定的な研究を，『Cerebral Organization and Behavior（脳の構造と行動）』というタイトルの論文で*Science*誌に発表しました。

スペリーはすでに分離脳の猿で同様の研究を行っており，脳の両半球はそれぞれ独立して機能する可能性があることを発見しました。彼はそのうえで，人間の患者の脳の片側に刺激を与え，一連の行動を巧妙に引き出す方法を考案しました。脳の他方に同じ刺激を与えると，異なる結果が得られます。たとえば，左側にドル記号が，右側に疑問符が示された場合，患者は左手で書くように指示されると疑問符を書きます。ところが，何を書いたか尋ねられると，ほぼ決まって「ドル記号」と答えるのです。こうしてスペリーの研究により，人には二つの知性が備わっており，それぞれに独自の意識と，できること，できないことがあることが世界に示されました。ほとんどの人は，言語能力が備わる左半球で分析します。その一方で，右半球は言語能力を備えていないものの，より視覚的で包括的であり，明らかに単独で考える力を有しているのです。

参照：脳機能の局在性（1861年），脳イメージング（1924年）

脳の左半球には分析的かつ構造化された論理的な知性，右半球には散在した創造的な知性が備わっていることを表したイラスト

1963年

新しい女性の創造

ベティ・フリーダン（1921〜2006）

大卒のジャーナリストで3児の母が1963年に発表した著書が，アメリカの女性運動に火をつけました。ベティ・フリーダンは『新しい女性の創造』のなかで，スミス大学の学部生時代の元クラスメートを対象とした調査結果を発表し，彼女たちのほとんどが自分と同じような苦境に陥っていると結論づけました。女性を孤立させて自暴自棄にさせる，不毛な家事と母性への期待といった戦後の落とし穴にはまっていたのです。フリーダンはこれを「名前のない問題」と呼びました。

何千人ものアメリカ人女性から反響を得たフリーダンの主張は，心理学のテーマと理論に深く根差したものでした。彼女とほかの多くのフェミニストは**精神分析**における女性の病理に対する理論に反発を示した一方で，**人間性心理学**に女性の自己実現と解放の必要性を正当化する根拠を求めました。フリーダンはスミス大学で心理学を専攻し，大学院でもこの分野を研究することを検討していました。彼女は心理学者にはなりませんでしたが，その思想と著書は，自ら学んだことがあり，この時代に大衆文化にまで浸透していた心理学理論から大いに影響を受けたものでした。

戦後のアメリカにおける性役割の構築に対するフリーダンの批判は，自分自身への批判なしにはあり得ませんでした。主にフリーダンの懸念事項は，中流階級と中流上層階級の白人女性が抱いていたもので，ますます多くの女性が労働力に加わっていた当時の現実を反映していないと主張する者もいました。にもかかわらず，大勢の女性が1960年代の終わりまでに，自分を政治活動へと駆り立てたきっかけとしてフリーダンの著書を挙げました。フリーダンは全米女性連盟の創設者の一人として初代会長を務め，1970年にはニューヨーク5番街に何万人もの女性が集結した全米規模の「平等のための女性ストライキ」の組織化を支援します。このストライキは，女性運動の広い基盤と力を明確に示しました。

参照：性役割（1944年），女性と狂気（1972年），もう一つの声（1982年）

アメリカ文化において家庭生活で女性に求められることとは裏腹に，女性のタレット旋盤オペレーターが輸送機の部品を加工しています。テキサス州フォートワースにあるコンソリデーテッド・エアクラフトの工場にて（1942年）。

1963年

ジェンダー・アイデンティティ

ジョン・マネー（1921～2006），**ロバート・ストーラー**（1924～1991），
ジュディス・バトラー（1956～）

ジェンダー・アイデンティティは生物学上の性別とは異なり，自分の男らしさと女らしさに関する主観的感覚を指す言葉です。精神分析学者のロバート・ストーラーは1963年，国際精神分析協会の会議に先駆けて開かれた講演でこの言葉を用い，1968年には『性と性別―男らしさと女らしさの発達について』という独創的な著書を発表しました。ほぼ同時期に，心理学者のジョン・マネーはジェンダーと性別適合に関する衝撃的な症例を目の当たりにします。彼はそれを根拠に，ジェンダー・アイデンティティは生物学的に決まるのではなく，完全に学習によって獲得されると主張しました。包茎手術の失敗により陰茎を失った男児を治療した際に，マネーはその子を改名して女児として育て，ホルモン療法を受けさせるように勧めました。のちに，批評家はマネーの勧めたことは功を成さず，その患者は性転換手術を受けても，自らを男性として認識していると報告しました。

多くの社会では，ジェンダー・アイデンティティは生物学上の性別と一致するべきという文化的規範があります。この規範はジェンダーと一致する行動を強化しますが，一致しない行動と外観の人物を男女にかかわらず不利な状況に追い込みます。1980年には，性同一性障害（GID:Gender Identity Disorder）の論争を呼んだ分類が，DSM-IIIに掲載されました。成人期のGIDは生物学上の性別とジェンダー・アイデンティティが一致していないと感じることで生じる，臨床的に有意な苦痛とされています。治療の選択肢の一つとして，性別適合手術が挙げられます。一方，GIDを精神疾患に分類すると，心と身体の性が一致しない個人は病的とみなされ，スティグマ（社会的汚名）を負うことにつながるとする批判もあります。

フェミニスト哲学者のジュディス・バトラーは1990年に発表した名著『ジェンダー・トラブル』で，ジェンダー・パフォーマティヴィティの概念を紹介しました。バトラーは，特定の儀式的な行動が文化的に構成され，規範により調整された形で繰り返されると，それぞれの性別の特徴として分類されると主張します。そのため，ジェンダー，そして性とセクシャリティは，特定の様式化された行動が繰り返されたときにだけ，明らかに自然なものとみなされます。

参照：性役割（1944年）

左：イギリスの男装芸人，ベスタ・ティリー（1864～1952）が歌った『The Latest Chap on Earth（この世の最新の男）』の楽譜の表紙
右：作曲家アーヴィング・バーリンが楽曲を手がけた大ヒットミュージカル映画『ロナルド・レーガンの陸軍中尉』で，コーラス・ガールに扮した兵士たち

1963年

服従

スタンレー・ミルグラム（1933～1984）

第二次世界大戦後の数十年にわたり，アメリカの社会科学界では，同調と服従についての問いが続いていました。なぜあれほど多くのドイツ人が，ナチスによるユダヤ人大量虐殺計画を黙認したのでしょうか。この文脈から，心理学者のスタンレー・ミルグラムは「教師役と生徒役」の研究のため，一般から参加者を募りました。その研究成果は1963年に発表され，大きな物議をかもすことになります。参加者はすべて男性で，イェール大学のミルグラムの研究室に到着すると，彼らは一人ずつ科学者に出迎えられ，もう一人の男性が到着するまで数分待つようにと言われました。参加者はその男性の素性を知りませんが，実際にはミルグラムに雇われたサクラでした。操作されたくじ引きにより，常にサクラが生徒役に選ばれるようになっています。生徒役が電極のついた椅子にくくりつけられているのを見たのち，教師役は生徒役が問題の回答を間違うたびに，電気ショックを与えるよう指示されます。そして，15Vから450Vまでの電圧を示すスイッチがずらりと並んだ電気ショック発生器の前に座ります。

実験が始まると，生徒役が回答を間違うたびに，教師役はスイッチを押して生徒役に電気ショックを与えます。実際のところ生徒役はショックを受けていませんでしたが，電圧が上昇するにつれてうめき声，泣き声，叫び声，そして完全な沈黙という反応を示しました。教師役がそんなことはできないと抵抗した場合にも，実験者はそれを阻み，「続行してください」「続行していただかないと，この実験は成り立ちません」などと教師役に告げます。その結果，約63％の教師役が最高電圧のショックを生徒役に与えました。平均値は360ボルトでした。

男性の参加者たち（のちに女性を対象とする実験も行われました）は邪悪で無慈悲なのでしょうか。それとも，隠れた精神病質者だったのでしょうか。彼らはあくまで普通の男女であるという証拠が示されました。ここから学べる教訓は，ある状況下で生じる権威とそれに抗う方法を理解しない限り，誰もがこの「教師役」と同じように服従して同調するおそれがあるということです。

参照：服従と独立（1951年），スタンフォード監獄実験（1971年）

ホロコーストの責任者だったアドルフ・アイヒマンの裁判。エルサレムにて（1961年）。ユダヤ人のゲットーと強制収容所への集団移送を進めたことについて，アイヒマンは「命令に従った」だけだと裁判で主張しました。

1964年

傍観者効果

ビブ・ラタネ（1937～），ジョン・ダーリー（1938～2018）

少なくとも西洋社会において，人はどのような状況下ならば，苦しんでいたり，傷ついていたり，あるいは支援を求めている他者を助ける可能性が最も高いでしょうか。アメリカの社会心理学界で最も有名な研究で得られた知見では，集団内にいるときよりも独りでいるときのほうが，他者に手を差し伸べる可能性が高くなると示されています。これは傍観者効果として知られるようになりました。研究者たちは，この結論を実際に起こった事件をもとに導き出しました。複数の目撃者がいるニューヨークの通りで1964年に発生した，キティ・ジェノヴィーズという若い女性が被害者となった衝撃的な殺人事件です。最初，少なくとも一人の目撃者が暴漢をどなりつけましたが，ジェノヴィーズが起き上がってよろよろと歩きだすと，誰もその後を追いかけませんでした。彼女はその後，再び暴漢に襲われて致命傷を負いました。

社会心理学者のビブ・ラタネとジョン・ダーリーは，そのような介入の欠如がなぜ起こったのか疑問を抱き，研究室での一連の実験でその再現を試みました（しかし，研究の一環として殺人や暴力行為を再現したわけではありません）。その結果，他者の存在（集団）が行動を起こす妨げになるおそれがあると主張したのです。社会心理学では長年にわたり，集団暴力をはじめとする負の行動は集団や群衆が引き起こすとみなしていましたが，ラタネとダーリーの研究はそれへの反証となるものでした。ラタネとダーリーにとって，行動が起きない原因となる集団圧力も，社会的価値と社会秩序を害するおそれがあったのです。

本書の読者への重要なメッセージは，都市部は危険が多く，危ない目に遭っても誰も助けてくれないということです。その一方で最近の研究では，目撃者の人数や行動といったジェノヴィーズ事件の重要な要素に疑問符がついています。おそらくさらに重要なのは，人々が集結したときの前向きな力と，どうすれば他者の代わりに行動するように促せるかを，一部の社会心理学者が明らかにしつつあることです。

参照：服従と独立（1951年），服従（1963年）

ジェームズ・ピッカレルが1974年に撮影したニューヨークの地下鉄の乗客。新聞を読むなど，各自の思考にふけっています。社会心理学の研究により，集団内にいるときよりも独りでいるときのほうが，他者に手を差し伸べる可能性が高くなると示されています。

Nixon After
Broke and in

1965年

ヘッドスタート

マーティン・ドイチュ（1926〜2002），**シンシア・ドイチュ**（1928〜）

1958年，ニューヨークの二人の心理学者マーティン・ドイチュとシンシア・ドイチュは，ハーレムの学区の未就学児童を対象とする新しい実験プログラムを1958年に始めました。その目的は，貧困のなかで育つ子どもが**豊かな環境**でメリットを享受できるかどうかを確かめることでした。黒人，白人，ヒスパニックの子どもが，社会的・認知的な刺激を与えることを目指した特別なクラスに通いました。翌年に新学期を迎えると，このプログラムを受けた子どもは，同様の境遇下で豊かな経験のない子どもと比べて，多くの科目でよい成績を上げたのです。

この時代に実施された社会的，情緒的，知的な強化プログラムを貧困家庭の子どもに提供することを試みた複数のプログラムのうちの一つが，ドイチュ夫妻によるプログラムでした。この種のプログラムは，知的能力は生まれつきのものとする考え方から，環境と刺激の重要性を強調した考え方への移行を示していました。この変化に拍車をかけた心理学研究のなかには，ネズミを使った実験もありました。たとえば，1950年代にカリフォルニア大学バークレー校の心理学者のグループが一部のネズミ向けに豊かな環境を考案しました。すると解剖の結果，標準的な研究室の環境しか経験していない対照群のネズミよりもはるかに多くの神経結合のネットワークが形成されたことが，脳の断面図で確認されたのです。

心理学者のJ・マクビッカー・ハントによる1950年代末の研究は，子どもの知的発達にとって経験と周囲の環境がきわめて重要だと結論づける契機となり，ほかの心理学者もこれに同意しました。1960年代には，当時の大統領リンドン・ジョンソンが「貧困との戦い」を掲げ，大勢の心理学者と教育者が未就学児により多くの教育機会を与える計画を立てました。この取り組みが，低所得世帯の幼児を支援する現在の国家的プログラム，ヘッドスタートの策定につながりました。当初は1965年の夏に8週間だけ実施されましたが，1966年には早くも学校での通年教育の一部に組み込まれ，全米の学校で実施されました。開始以来，2000万人以上の子どもたちがこのプログラムの恩恵を受けました。

参照：豊かな環境（1961年）

ニューヨークのハーレム・アート・センターで無料の美術のクラスを受講する生徒たち（1938年）

D·L·97

1965年

言語獲得装置

ノーム・チョムスキー（1928〜）

幼い子どもが，わりと容易に言語を習得しているように見えるのはなぜでしょうか。単語の意味と，意味が伝わるように単語を組み合わせる方法は，実際には経験を通じて学ぶものなのでしょうか。そのとおりだと考えた心理学者もいました。たとえば，B・F・スキナーは言語行動とは主に強化の問題であると論じました。

かたや言語学者のノーム・チョムスキーは，これは単に経験により学んだり，正しい行いへの報酬という問題ではないと確信しました。1950年代に始まり，1960年代に花開いた研究で，人間には言語を学習する能力が生まれつき備わっているという，異なる理論を提示しました。つまり人間は明らかに病的な状態にある場合を除いて，言語を習得する能力を有するというのです。

チョムスキーは1965年の著書『文法理論の諸相』で，人間には生来，言語発達の能力が備わっていることを詳説する言語獲得装置（LAD:Language Acquisition Device）を提唱しました。LADとは，人間が進化の過程で言語の根本規則，つまり文法を理解し，適応した末に得た能力であるといいます。言語の文法は手話も含むあらゆる言語同士で類似しているため，子どもはほぼ同じ発達期間中に何らかの言語を学習できるのです。

子どもが言語を変換する能力をどうやって急速に発達させるのかを言語学者が理解するうえで，この理論はきわめて有益であると証明されました。つまり，子どもは「深層」構造から「表層」構造をつくるために文法の使い方をすぐに学習するのです。たとえば，「若者はボールを落とした」と「ボールは若者によって落とされた」は深層構造が同じでも，表層構造としての人それぞれの表現は異なります。言語とその獲得方法は複雑なので，チョムスキーの理論は多くの有益な研究結果をもたらしましたが，有益なモデルはこれだけというわけではありません。

参照：類人猿と言語（1909年），発生的認識論（1926年）

ピーテル・ブリューゲルが描いた『バベルの塔』（1563年）。創世記を題材に，人類が散りぢりになるのを防ぐべく，同じ言語を話していた頃の人類が建てた塔を描いています。

1966年

人間の性反応

ウィリアム・マスターズ（1915～2001），
バージニア・ジョンソン（1925～2013）

婦人科医のウィリアム・マスターズと心理学者のバージニア・ジョンソンは，人のセクシャリティに関する臨床研究で画期的な業績を残しました。性に関する研究はそれ以前にも行われていましたが，マスターズとジョンソンが先鞭をつけた取り組みは，セクシャリティについて知られていたことを大幅に拡大しました。さらに重要なことは，おそらくセクシャリティの科学的研究という精力的な分野を生み出す一助になったことでしょう。彼らの初の重要な報告として，1966年に『人間の性反応』が出版されました。

19世紀から，何人もの科学者と内科医が性行動について記述しました。精神科医のリヒャルト・フォン・クラフト＝エビングは感染症病理学に関する研究結果をまとめた『**性の精神病理**』（1886年，日本版の初版タイトルは『變態性慾心理』）を，内科医のハブロック・エリスはセクシャリティについて詳述した6巻組の大著を著しました。アメリカでの先駆的な研究は，社会改革者で犯罪学者のキャサリン・ベメント・デイビスが行った，大学の女子学生の性行動に関する研究でした。精神科医のギルバート・ハミルトンは1920年代末にニューヨーク在住の夫婦の性生活について事例研究を行いました。そして，言わずと知れたアルフレッド・キンゼイは，1930年代から1940年代に実施した広範なインタビューをもとに，性行動に関する2冊の報告書を執筆しています。

マスターズとジョンソンは研究室の環境で研究を行いました。陰茎プレチスモグラフィをはじめとする既存の測定装置を用いて，研究室での性行為を入念に観察することで，人間の性反応を文書として記述してみせました。彼らの研究を通じて，女性が性的に興奮すると何が起きるのかが初めてわかり，オーガズムにつながる刺激が陰核と膣の両方から生じうることも明らかになりました。また，女性が1回の性行為で何度もオーガズムに達することがあるのも証明されました。マスターズとジョンソンはセクシャリティと老化，同性愛者の性的行為，性機能不全についても広範な研究を行いました。

二人は研究に基づき，人間の性反応のサイクルの四段階（興奮期，平坦期，オーガズム期，消退期）を説明しました。現在では，その発見の一部には文化的バイアスがあることがわかっているものの，マスターズとジョンソンによる性反応の詳述は何十年にもわたり支持されています。

参照：性役割（1944年），キンゼイ報告（1948～1953年）

オーストリアの象徴主義の画家グスタフ・クリムトが描いた『接吻』（1907～1908年）

1967年

心理学と社会正義

マーティン・ルーサー・キング・ジュニア（1929〜1968）

暗殺から約1年前の1967年9月，マーティン・ルーサー・キング・ジュニアはワシントンD.C.の**アメリカ心理学会**（APA）の会員5000人以上を前に，衝撃的な講演をしました。キング牧師はそれ以前, APAに姿を見せたことはありませんでした。実際のところ，当時のAPAのリーダーたちは，人種問題と社会問題に効果的に対処できていなかったのです。

アメリカで長年にわたる公民権運動が頂点に達していたにもかかわらず，科学と慣習を社会問題と関連づける必要性の観点から見ても，心理学会の体制はかなり保守的でした。しかし，APAの一部門である社会問題心理学的研究協会（SPSSI:Society for the Psychological Study of Social Issues）が，APAの年次会議の講演者としてキング牧師を招待したのです。キング牧師は，「公民権運動における行動科学者の役割」について話しました。それに刺激を受けた大勢の心理学者が，社会問題にいっそう積極的に関与するようになりました。APAは翌年，著名なアフリカ系アメリカ人の社会心理学者でキング牧師の友人でもあったケネス・B・クラークにAPAの会長に立候補するよう勧めました。クラークは現時点で，APAの会長を務めた唯一のアフリカ系アメリカ人です。

それ以前のクラークはAPAに積極的に関与していませんでした。クラークと妻のマミー・フィップス・クラークによる人種的アイデンティティに関する研究は**人形研究**として知られ，カンザス州のブラウン対トピーカ教育委員会事件の1954年の最高裁判決で引用されます。これで彼は一躍有名人となり，社会心理学の分野をはるかに超えた影響力を発揮した一方で，人種差別のない公正な社会の実現について悲観的になっていました。彼は友人への手紙に次のように綴りました。「我が国は，いつまで人種差別によって人類の知的資源をとめどなく浪費し続けるのだろうか？」

キングの講演が変化をもたらしました。1970年代までに，有色人種の学生が大学院で心理学を学ぶ機会をより多く創出する取り組みが積極的に行われたのです。

参照：黒人心理学（1970年），BITCH（Black Intelligence Test of Cultural Homogeneity）テスト（1970年），解放の心理学（1989年）

マーティン・ルーサー・キング・ジュニア。アメリカ心理学会の年次総会にて（1967年）。

THE WASH

1968年

トランスパーソナル心理学

アブラハム・マズロー（1908〜1970）

自己実現，つまり才能を存分に活かし，最大限の力を発揮することは何を意味するのかを理解すべく，心理学者のアブラハム・マズローはエイブラハム・リンカーンなどの歴史的人物や，アルバート・アインシュタインなどの現代の偉人を研究しました。人の欠点に焦点を当てるよりも，完成度の高い健全な人格を調べれば，より多くのことを学べると仮定したのです。研究対象にした人々についてマズローが発見したことの一つとして，彼らが総じて少なくとも一度は「至高体験」を経験していたことが挙げられます。マズローによると，至高体験とは特に激しい感情の高ぶりや圧倒的な美の瞬間を意味します。

至高体験には，詩人や聖人の神秘体験など，きわめて珍しいものも含まれます。マズローは研究を続けるうちに，自己超越を経験し，万物の神秘とのつながりを感じる個人が存在すると信じるに至りました。このような経験の持ち主は，あらゆる生命との一体感を感じられるというのです。

1960年代後半までに，マズローは**人間性心理学**を上回る心理学と自己実現を上回る生き方があると確信しました。そして，トランスパーソナル心理学と名づけた研究分野で，人間の最高の状態について著し，講演を始めました。彼は1968年の著書『完全なる人間―魂のめざすもの』で，さらなる発展のための土台を築きました。同僚とともに，トランスパーソナル心理学の目指すものを，科学的研究と精神的次元から見て，人間であることは何を意味するかを説明することだと定めました。あいにく，この概念を打ち出してからわずか2年後，マズローはカリフォルニアのビーチを歩いているときに心臓発作を起こして死去しました。

マズローの没後，トランスパーソナル運動は何人かの心理学者によって引き継がれ，その可能性について雄弁に述べた著書も発表されました。**人間性心理学**と比べて，トランスパーソナル心理学は西洋文化とは異なる神秘的伝統と慣習も取り入れています。これにより，トランスパーソナル心理学は，あらゆる国や文化圏の人々にとってより深みのある魅力的なものとなっています。20世紀の終わりまでに，次のように定義されています。「トランスパーソナル心理学は，人間の至高の潜在能力の研究にも関係している」

参照：人間性心理学（1961年），フロー（1990年），ポジティブ心理学（2000年）

ドイツの画家ヨハン・カスパー・フリードリヒが描いた『雲海の上の旅人』（1818年）

1969年

愛着理論

ジョン・ボウルビィ（1907～1990）

第二次世界大戦の終わりまでに，ロンドンをはじめとするイギリスの都市部は空襲に遭い，何千人もの子どもが両親と生き別れ，重大な精神的被害を受けました。一方で，若き心理学者のジョン・ボウルビィは，家庭内で子どもが経験したことが人格形成にどのように影響を及ぼすかについて研究していました。ボウルビィは1946年に，ロンドンのタビストック・クリニックの子ども・家族部門の責任者に就任しましたが，親との離別を経験した子どもの不安にまつわる精神分析理論に納得できませんでした。彼はこの時期に，動物習性学者のニコ・ティンバーゲンとコンラート・ローレンツによるさまざまな生物の親子の行動研究について知ります。

子どもと主な養育者の絆を研究するうえで，比較手法はボウルビィに新たな視点をもたらしました。ボウルビィは動物行動学を根拠に，幼児が養育者に愛着を抱くことは進化の面でも保護を受けるための適応機能であり，子どもの生存の可能性を高めると理論づけました。この理論の初期の公式を，ボウルビィと同僚は研究で検証しました。発達心理学者のメアリー・エインスワースによる研究で，広範にわたる発見がなされました。彼女の研究は，現在でも用いられている愛着の類型である安定型愛着，回避型愛着，両価型愛着，混乱型愛着を確立したという点できわめて重要です。ボウルビィをはじめとする研究者たちは，青年と成人にまでこの理論の適用範囲を広げました。1950年代から1960年代にかけて，数多くの論文が発表されましたが，ボウルビィは自らの愛着理論の集大成として，1969年に『母子関係の理論』を発表しました。

人の発達過程やその過程がうまくいかなかった場合の臨床的示唆を詳細に理解する興味深い研究をもとに，この分野の現在の研究は進められています。手短に言うと，安全と保護が愛着の中核であるということです。子どもは自分が安全だとわかれば，周りの環境の探索を始めるようになり，その安心感が内在化されると，生涯にわたり認知，社会性，感情，人格を発達させるのに最適な条件が整います。ボウルビィはこの愛着のモデルは人類の経験において普遍的なものであると唱えました。しかし，最近の研究では文化によって重要な差異が生じると示されています。

参照：発育不良（1945年），ソロモンの指環（1952年），ストレンジ・シチュエーション法（1969年）

東京の六本木通りを歩く母親と娘（2012年）

1969年

ストレンジ・シチュエーション法

メアリー・エインスワース（1913～1999）

発達心理学者のメアリー・エインスワースは，1954年に夫とともにウガンダへ旅立ちました。すでにこの当時，彼女はジョン・ボウルビィとともに愛着が正常な発達に与える影響の大きさについて幅広い研究を行い，数々の理論を打ち出していました。彼女はウガンダの母子のやりとりを観察したところ，愛着による結びつきが子どもに周囲の世界を探索しても大丈夫だという安心感を与えるように思われ，そのことが人類の生き残りに関わる重要な進化的適応なのだと確信を抱きました。また，エインスワースは，養育者との別離はおのずと不安を生じさせるものの，再会によってその不安も緩和されることを確認しました。

愛着を研究室で研究することは可能でしょうか。エインスワースはまさにそれを確かめるべく，ストレンジ・シチュエーション法と呼ばれる20分間にわたる実験室での検査を1969年に考案しました。ストレンジ・シチュエーション法では，母親と幼児が今まで訪れたことのない部屋に通されます。さまざまなおもちゃが部屋中に置かれています。幼児が落ち着くと，見知らぬ人が部屋にやってきて，そこで母親は部屋を離れます。見知らぬ人が幼児に優しく接したのちに部屋を離れ，母親が戻ってきます。ここで観察の対象となる行動は，母親がいるときといないとき，幼児がそれぞれの状況で部屋をどんなふうに探索するかで，最も重要なポイントは母親が戻ってきたときの幼児の反応です。

エインスワースはこれらの行動に基づき，愛着には三つの形があると仮定しました。すなわち，（1）幼児が環境を探索し，分離の不安が軽度で，母親が戻ってきたときに純粋な安堵の様子を見せる安定型，（2）母親が部屋を離れることに対しあまり不安を見せず，母親が戻ってくると母親を避ける回避型，（3）母親が部屋を離れることに明らかに動揺を示し，母親が戻ってくると母親を避けたり，ぴったりとまとわりつく不安定型です。

ストレンジ・シチュエーション法のパラダイムは，発達心理学の歴史上，最も幅広く用いられた研究ツールの一つになりました。その結果は社会政策の策定や，成人同士の親密な関係の性質を予測するのに用いられたのです。

参照：愛着理論（1969年），生態学的システム理論（1979年）

この愛情深い触れ合いは，母と子の安定型の愛着を示しています。

1969年

悲しみの５段階

エリザベス・キューブラー＝ロス（1926～2004）

人は死期が近くなったり身近な人の死を経験すると，それらに対処する方法を見つけなければなりません。天才的な心理学者のエリザベス・キューブラー＝ロスは，著書『死ぬ瞬間』（1969年）のなかでわかりやすいモデルを詳説しました。すなわち，悲しみには否認，怒り，取引，抑うつ，受容という５段階があるというのです。

第一段階の否認は，生命を脅かされるような病いに冒されていると初めて知ったときや，愛する人が亡くなったと聞いたときに起こります。このような否認は，その知らせに対応する時間を与える有効な適応メカニズムかもしれません。じきに，否認では不十分で，「なぜ自分が？」「なぜ友だちは死ななければならなかったのか？」という怒りの感情にとらわれます。これもまた，一時的な適応メカニズムです。

否認と怒りによって現実が変わるわけではないと認識できると，取引の段階に移行します。この段階では，大いなる力への信仰が新たに芽生えることがあります。これにより，愛する人が少しでも長生きできるように，あるいは自分があと数年は生きていける力を得られるように祈ったり願いごとをしたりして，自分自身を納得させようとします。

いったん死という現実を受け入れると，深い悲しみに襲われます。それに伴い，抑うつと無気力の段階に移行し，いつものように周囲と関わることができなくなります。

最後に，受容の段階に入ります。この段階では，身近な人の死や自分の死期が迫っているという現実を受け入れます。こうして心の平安が訪れ，周囲と新たな関わり合いをもてるようになります。

キューブラー＝ロスは当初，死と関連づけてこのモデルを提唱しました。しかし時間が経つにつれて，このモデルは離婚や失業など，あらゆる種類の喪失を理解するうえで有効であると証明されました。一般大衆にはきわめて有用なモデルとみなされていますが，科学界では科学的な厳密さに欠けるとみなされています。

参照：成人の認知的発達段階（1977年），人生の四季（1978年），生態学的システム理論（1979年）

フランスの彫刻家アーネスト・ウランが制作した『Pain（痛み）』（1908年）

1969年

成功恐怖

マティナ・ホーナー（1939〜）

　心理学者のマティナ・ホーナーは，1969年にミシガン大学の博士論文で女性に見られる「成功恐怖」の構造について論じました。社会で男女平等にキャリアを築く機会がますます得られるようになったことに注目し，ホーナーは女性らしさに関する従来の観念と，賃金労働者としての道を歩むうえで求められる競争力，独立性，リーダーシップ，学業成績との間の葛藤に関心をもつようになります。彼女は当初の研究で，男女の大学生グループを口頭で誘導しました。男子学生には「1学期の期末試験で，ジョンは医学部のクラスのトップに立っています」と告げ，女子学生には名前をジョンからアンに変えた以外は同じ内容を語りかけます。回答者はそこで，アンまたはジョンの物語を書くように求められます。それらの物語は，成功を回避する動機が見られるか否かに従ってコード化されました。その結果，90％の男子学生が成功の手がかりに肯定的に反応し，65％の女子学生が社会からの拒絶，女性らしさの喪失，個人的な苦悩を予想する物語で反応しました。さらなる研究で成功恐怖によって生じる行動が検証され，女性らしさのイメージと自らの能力表現との間の葛藤に直面すると，大勢の女性が自分の行動を内在化された性役割のステレオタイプに沿うように変更したと結論づけられました。

「成功恐怖」はフェミニストの間で物議をかもしました。性役割の葛藤の問題が個人の問題として矮小化されているとみなされたのです。ホーナーの発見は再現が難しく，査読つきの学術誌で発表されることもなかったため，研究者の間でも賛否を呼びました。しかし，ホーナーが32歳という史上最年少の若さでハーバードのラドクリフ・カレッジ（当時）の第6代学長に就任すると，大衆紙は彼女の理論を大々的に取り上げました。

参照：性役割（1944年），新しい女性の創造（1963年）

スイスのザンクト・ガレンのショッピング・ウィンドウ。電気掃除機をはじめとする家電の幅広い品ぞろえに完全に圧倒された，20世紀半ばの主婦の写真をディスプレイしています。

Der Preis
ist heiss!
145.-
CASTELLO
Sie nicht
viel Kohle!
rotel
Der Preis
ist heiss!
229.
129.
Electrolux
AEG

黒人心理学

ジョセフ・ホワイト（1928〜2017），ロバート・ガスリー（1930〜2005）

アフリカ系アメリカ人の心理学者ジョセフ・L・ホワイトは1970年の*Ebony*誌に掲載された記事で，「黒人心理学（Black Psychology）」という用語を初めて使いました。これにより，当時創設間もなかった黒人心理学者協会（ABPsi:Association of Black Psychologists）の主導で誕生したアフリカ系アメリカ人の心理学の新たな方向性を示したのです。当時のアメリカの心理学界では，差別的な理論や慣習が長らくはびこっており，黒人の家族，子ども，個人は知性で劣っているという点が概して強調され，白人には手厚い支援，知的に豊かな環境と教育機会が提供されているという社会的・階級的構造を無視していました。知能検査は，白人は知的にすぐれているという考えを支えるために利用されていました。

画期的な著書『Even the Rat Was White（ネズミでさえ白かった）』（1976年）のなかで，アフリカ系アメリカ人の心理学者ロバート・ガスリーは心理学の分野で黒人，ラテンアメリカ系，アジア系，アメリカ先住民を代表する例が不足していることを指摘しました。1960年代には，新興の黒人国家主義者による運動とマルコム・X，ストークリー・カーマイケル，H・ラップ・ブラウンなどの活動を通じて，アフリカ系アメリカ人のコミュニティの間で黒人の誇りとこれまでに成し遂げてきたことに関する認識を新たにする「ブラック・パワー」「ブラック・プライド」「ブラック・イズ・ビューティフル」といった言葉が広まりました。これらの動きに影響されて，一握りの若きアフリカ系アメリカ人の心理学者が黒人心理学という分野を創設します。これは，レジリエンスと社会的支援といったアフリカ系アメリカ人のコミュニティの前向きな価値観に根差したもので，単に抑圧に対する反応を研究するにとどまらず，アフリカ系アメリカ人の長所と精神に焦点を置いていました。

黒人心理学がアメリカの心理学の理論，研究，実践に与えた影響は大きく，現在もその名残が続いています。たとえば，ブラック・アイデンティティの理論はアイデンティティ形成に関する心理学研究をより豊かなものにしました。また，アフリカ系アメリカ人の心理学者はアメリカで黒人が経験してきたことに基づき，効果的な心理療法のアプローチを詳説しているのです。

参照：ストレス（1950年），BITCHテスト（1970年），レジリエンス（1973年），ハーディネス（1979年）

1964年3月26日の記者会見前に対面するマーティン・ルーサー・キング・ジュニアとマルコム・X。1964年に成立した公民権法に関する上院での議論を聴きに来たときの1枚ですが，二人が対面したのはこのとき限りで，わずか1分ほどのことでした。

BITCHテスト

ロバート・ウィリアムズ（1930～2020）

心理学界から何十年にもわたり抵抗に遭った末，1960年代頃からアメリカの有色人種の心理学者がようやく増え始めました。この世界にいったん足を踏み入れると，理不尽で厳しい規律に直面します。特に，心理学会は新規会員に心理テストを受けさせ，人種差別の圧力や不平等をはびこらせていました。

1968年の黒人心理学者協会（ABPsi）の設立により，アフリカ系アメリカ人の心理学者は差別的な方針を支援する各種検査の実施について懸念を表明できるようになりました。ABPsiの研究は，ハーマン・カナディ，アルバート・ベッカム，ジョージ・サンチェスといった1920年代から1930年代にかけてのアフリカ系・メキシコ系アメリカ人の心理学者の先行研究に加え，当時の最新の情報に依拠していました。有色人種の心理学者と仲間たちは，知能検査の結果に基づき，民族的優位性の主張の正体を巧みに暴きました。

1960年代末はより好戦的な傾向を示しました。ABPsiの共同創設者で第2代会長のロバート・ウィリアムズは，バイアスのある心理テストのせいで苦い経験をしたことがありました。ウィリアムズは1970年に，文化に応じた検査を構築するプロジェクト，すなわち文化均一性黒人知能検査（BITCH）を開始します。当時ウィリアムズが記したように，「『文化に応じた』検査は，自らの文化と環境で使われている語彙を用いて間接的に表現または考える能力を診断する」ものです。この検査の目的は，文化が検査に及ぼす影響を判定することでした。BITCHの結果は，当時採用されていた標準的な知能検査よりも，黒人の子どもの広範にわたる知的能力を反映したものとなりました。ウィリアムズと同僚，特に同じくアフリカ系アメリカ人の心理学者ハロルド・デントは，バイアスのある検査に対する疑問点をさらに検証しました。控訴院は1970年代末，ラリー・P対ライルズ裁判[6]において，人種的マイノリティまたは少数民族の子どもを知的障害児クラスに追いやるために知能検査を利用すべきでないとの判決を下しました。

参照：軍隊の知能検査と人種差別（1921年），黒人心理学（1970年）

ロバート・ウィリアムズ（左）とマイケル・コナー（右）。ウィリアムズは黒人心理学者協会の創設者の一人で，BITCHテストの開発者，黒人英語[7]の考案者でもあります。

[6]人種，文化に偏りのある知能テストを黒人の子どもたちに受けさせ，それを根拠に知的障害児クラスに振り分けることを不当として，子どもたち自身が原告となり，カリフォルニア州公立教育長を相手どり起こした裁判です。

[7]アフリカ系アメリカ人独自のボキャブラリー，表現を用いた英語を指します。

1970年

無意識の発見

アンリ・F・エランベルジェ（1905〜1993）

精神科医のアンリ・F・エランベルジェが1970年に出版した画期的な著書『無意識の発見』は，現在でも力動精神医学の最良の入門書とされています。力動精神医学という用語は，精神分析など，人間の行動を無意識に決定する要因を扱う心理学的理論を指します。人類の歴史のなかで心理療法が発達していった道筋を，これほど注意深くかつ明確に説明した書物はほかにないでしょう。

エランベルジェはフランス系スイス人で，フランスで教育を受け，医学部に入学して精神医学を専攻しました。そのため精神医学を学びながら，当時すでに門戸が開かれていた力動精神医学についても学び，実践しました（力動精神医学という用語は，ここではフロイトの精神分析のアプローチとカール・ユングの深層心理学の両方を意味しています）。エランベルジェは1950年代にアメリカのメニンガー・クリニックに6年間勤務し，力動精神医学の歴史について執筆を始めます。

『無意識の発見』は驚くほど広い範囲を網羅しています。エランベルジェは，現代的な精神疾患治療の心理的アプローチにつながる見識と実践の間との数々の相関関係を，時間と場所の垣根を超えて確信をもって示しました。時代を近代科学以前・以降で分ける代わりに，何千年にもわたり多くの人々が治療や宗教を通じて得た無意識についての理解を記しました。シャーマン，クランデロ（土着の男性祈祷師，上巻「シャーマニズム」の項を参照），神秘主義者，催眠術師，降霊術師，聖職者，詩人は総じて人類史において，内科医，精神科医，聖職者カウンセラー，心理学者などに期待される役割を担っていたのです。

エランベルジェは，ジークムント・フロイトの生涯と業績の研究についても，きわめてわかりやすく解説しました。19世紀のユダヤ人の歴史の文脈のなかで，フロイトによる学術的・臨床的発見がもたらした多岐にわたる知的，政治的，社会的，経済的影響をたどっています。さらに，ピエール・ジャネをはじめとする近代の重要な研究者が残した功績にもスポットライトを当てています。

メンタルヘルスの治療がどのように進化し，現在に至っているかを理解するために読むべき1冊といえます。

参照：シャーマニズム（紀元前1万年），精神分析（1899年），エマニュエル運動（1906年），ユング心理学（1913年）

表層と深層。この水面に映る葉の写真は，意識の階層と，表層からすべての意味が読み取れるわけではないという考えを示しています。

1971年

スタンフォード監獄実験

フィリップ・ジンバルドー（1933〜）

アメリカの社会心理学界では，行動を決定づけるうえで人物と状況のどちらが重要かという議論が長年続いています。スタンフォード大学の心理学者フィリップ・ジンバルドーによる実験は，状況から生じる権威を明白に示すものでした。

1971年の夏，警察官がスタンフォード大学の学生10人を突然逮捕しました。逮捕された学生たちは手錠をかけられ，指紋を採取され，独房に入れられました。刑務所長は監獄の規則を告げ，その規則を破った場合はさらに厳しい懲罰が待っていると脅したのち，看守に囚人の身柄を委ねました。「囚人役」と「看守役」。人の行動を決定づける状況から生じる権威について調査する実験で必要とされたものは，これだけだったのです。

「監獄」はスタンフォード大学の心理学科の地下室にあったので窓がなく，昼なのか夜なのかを知る術はありませんでした。これはすぐに囚人にとって非常にストレスのかかる経験となりました。看守は囚人にトイレに行くことさえ許さず，短い睡眠の後で囚人を起こし，どなりつけ，たいていの場合，囚人の人間らしさを奪おうとします。5人の囚人が精神のバランスを崩し，「釈放」される羽目になりました。残りの囚人は看守という権威に盲目的に従順になり，看守に取り入るために仲間の囚人を標的にしました。看守は天罰を下す者としての役割を引き受け，囚人を虐待するようになります。ジンバルドーも監督者という役になりきり，のちに認めているように，これが単に実験だということを忘れ，学生の囚人役の苦しみを見過ごしました。ジンバルドーは五日後に実験を中止し，状況が収拾困難になってしまったことを謝罪しました。

イラクのアブグレイブ刑務所での捕虜虐待が2004年に明るみになったときに，ジンバルドーは監獄実験の意味合いを再考しました。『ルシファー・エフェクト　ふつうの人が悪魔に変わるとき』（2007年）では，人と状況に関する議論が再検討されています。スタンフォード監獄実験とアブグレイブ刑務所の事例はどちらも，ごく普通の人がストレスの多い状況に置かれるとどのような行動をとるかという恐ろしい事実を思い起こさせます。

参照：服従と独立（1951年），服従（1963年），社会的アイデンティティ理論（1979年）

フィンセント・ファン・ゴッホが描いた『刑務所の中庭』（別名『囚人の運動』，1890年）

1971年

感情の普遍的な表現

ポール・エクマン（1934〜）

チャールズ・ダーウィンは『人及び動物の表情について』（1872年）で，人間の感情表現は視覚的に普遍性があると主張しました。ダーウィンは同書で，人間の表情の多くがいかに人間以外の動物の行動を起源としているかを探求しました。心理学者のポール・エクマンはダーウィンの功績を認め，1960年代にこの研究を取り上げました。彼と長年の共同研究者ワレス・フリーセンは1971年，有名な研究『文化を超えた顔と感情の普遍性（Constants across Cultures in the Face and Emotion）』を発表します。これを機に，エクマンは顔に表れる感情についての世界随一の権威となります。

感情と人格に関する研究者のシルヴァン・トムキンズに学んだエクマンは，カリフォルニアの研究所で感情表現の普遍性に関して研究しました。その際，連邦政府の資金提供機関が，数十万ドルの助成金があれば，必要とされながら予算不足で実施できなかった現地調査を行うのに役立つのではないかと申し出ます。エクマンはその助成金でニューギニアに赴き，外部との接触がほとんどないフォレ族を研究し，自ら現像して持参した写真に写った標準的な感情表現一式を，彼らが認識するかどうか知ろうとしました。さまざまな文化圏で生活する何百人もの人々にすでに同じ写真を見せており，一部の感情表現に普遍性があるという裏づけを得ていました。しかし，あらゆる参加者がマスメディアを通じて多くの同様の刺激にさらされたことがあるため，感情の識別は共有された文化的経験の結果である可能性があるという批判がありました。ニューギニアの部族は，エクマンの理論にうってつけの試金石となりました。

フォレ族はほとんどの表情を識別しました。さらなる研究により，悲しみ，幸福，嫌悪，恐怖，怒り，驚き，軽蔑という七つの主な感情の普遍性について，全般的な裏づけがとれました。そのなかでも，幸せの表情は最もありふれたものだったです。

参照：愛の三角理論（1986年）

さまざまな基本的な人間の表情を表した，ベネチアのカーニバルの仮面

15,00

1971年

自由への挑戦

B・F・スキナー（1904～1990）

B・F・スキナーは，20世紀で最も著名な心理学者の一人で，1968年にアメリカ国家科学賞を授与された史上二人目の心理学者となりました（もう一人の受賞者であるニール・ミラーは1964年に受賞）。スキナーは*Esquire*誌の1970年4月号で，フィデル・カストロ，パブロ・ピカソ，リチャード・ニクソンなどのさまざまな有名人とともに，「世界で最も影響力のある100人」に選ばれました。1971年には，行動変容の分野を創設し，発達障害の人々などの生活を向上させた功績でケネディ国際賞を受賞しました。

この年に出版して物議をかもした著書『自由への挑戦』は，26週間にわたり*The New York Times*のベストセラーにランクインしました。同書は，人の行動はすべて環境に左右されるという事実を受け入れるように読者に促すものでした。また，この事実を無視して，自由意思の存在と申し分のない自律的な人間の尊厳を引き続き信じれば，人口過剰，環境悪化，核兵器による人類滅亡の脅威など，重大な社会問題を解決する能力は妨げられるばかりだと主張しました。自由意志を否定し，極端な環境決定論に軍配を上げたスキナーは，「立身出世」に対する信奉をはじめ，アメリカにおける資本主義と民主主義の主だった価値観と対立した一方で，人間の状態の順応性に対する信念などではほかと意見を異にしませんでした。

同書におけるスキナーの主張は，激しい議論と猛烈な個人攻撃を生じさせました。彼の正気を疑ったり，アドルフ・ヒトラーやヨシフ・スターリンになぞらえたりする人もいました。議論は大衆メディアにまで広がり，スキナーの名はお茶の間でもおなじみになりました。スキナーは*Time*誌の表紙を飾り，テレビのトーク番組にもたびたび出演しました。議論と注目を集めたにもかかわらず，スキナーは自分の主張が正しく理解されていないことを危惧しました。結局のところ彼の理論は，単にアメリカ人であるだけでなく，人間であるとは何を意味するのかという，根本的な問いを突きつけていたのです。

参照：アルビノ・ラット（新行動主義，1929年），ティーチングマシン（1954年），トークン・エコノミー（1961年）

マサチューセッツ州コンコードのウォールデン池（2010年）。スキナーは1948年に空想小説『心理学的ユートピア』を発表したことがあります。同書は，先験主義者ヘンリー・デビッド・ソロー（1817～1862）の簡素な自給自足の生活を手本としたコミュニティを描いた1冊です。

1972年

記憶の処理水準モデル

ファーガス・クレイク（1935～），**ロバート・ロックハート**（1939～）

北米の心理学界が行動よりも認知に重点を置くなか，認知科学者は情報がどのように脳で保存され，処理されるのかという問いを議論しました。これにより，さまざまな保持，保存，想起のモデルが生まれます。長期記憶に関して最も長きにわたり通用しているモデルとして，トロントの心理学者ファーガス・クレイクとロバート・ロックハートが1972年に提唱したものは，処理水準モデルとして知られています。クレイクとロックハートは，記憶とは認知，理解，分類などの正常な認知プロセスの一部であるという想定から始まり，深さという比喩を用いて，特定の刺激に対する記憶の永続性に大きなばらつきがある理由を解明しようと試みました。

要するに，クレイクとロックハートは長期記憶とは物事や出来事がどこまで深く処理されるかという機能で，その処理は浅い処理から深い処理に至るまで連続的に生じるものだと唱えたのです。言語の知覚を例にとると，文字の形などの表面的な詳細が記憶の基礎となる場合には，浅い処理が生じます。このレベルで処理される項目は，容易に忘れられる傾向があります。しかし単語の読みなどいくらか深い水準になると，わずかに記憶の質も向上します。この例に従うと，単語の意味の分析は処理の面では最も深い水準となり，記憶の質もかなりよくなり，容易に思い出すことができるようになります。クレイクとロックハートは，最初の処理の水準が深いほど長期記憶はより質の高いものになると推論し，そのことは一連の実験研究で裏づけられました。

処理水準モデルは多くの心理学分野にも影響を及ぼしています。たとえば，自分自身に関する情報は最も深い水準で処理されることがわかっており，そのため容易に思い出すことができます。ほかの人よりも，自分自身の人生について多くのことを覚えているというわけです。

参照：カクテル・パーティ効果（1953年），短期記憶（1956年），認知能力研究所（1960年）

フィジーの女性。こうしたセピア色の写真は，過去の出来事や昔の時代の写真撮影術について思い出し，伝えるのに効果的です。

1972年

女性と狂気

フィリス・チェスラー（1940〜）

　狂っているとされる人物とその理由についての問いも含めて，狂気は性差という点でどのような意味合いをもつでしょうか。たとえば，19世紀半ばから後半にかけての中流から上流階級の裕福な社会では，女性の社会的役割がきわめて限定されていたので，そうした制約への抗議を示す唯一の手段として，心理的・身体的症状が出ることが多かったのです。20世紀末までに，女性がうつ病にかかる確率は男性の2倍であることがよく知られるようになります。

　心理学者で女性運動家のフィリス・チェスラーは，精神病院での女性の扱いについてフェミニズムの観点から批評を展開し，1972年の著書『女性と狂気』のなかで，当時の西欧社会の女性がジレンマに直面していると訴えました。伝統的なジェンダー・ステレオタイプが診断の根拠として頻繁に用いられ，たとえば，それに当てはまる女性は演技性パーソナリティ障害などとみなされました。同時に，ジェンダー・ステレオタイプに当てはまらない女性は，異常で手に負えないとして頻繁に非難されました。つまり，あまりにも女性らしいことと女性らしさが足りないことの両方が，精神疾患の診断基準となっていたのです。

　チェスラーは研究で，主に男性が運営する精神病院で女性が味わう経験は，社会全体における男女の不平等をそのまま再現したものであり，女性が男性に「より巧妙に支配される」ことで「支援を受ける」機会が与えられると述べました。彼女のすぐれた研究は，現在でも，精神医学と心理学の分野で説得力をもつフェミニスト批評とみなされています。

参照：ヒステリー（1886年），アメリカの精神障害分類（DSM, 1918年），性役割（1944年），ジェンダー・アイデンティティ（1963年），狂気の場所の正気の存在（1972年）

イギリスの西ヨーク地方にある，ヘプトンストール教会のシルビア・プラスの墓石には「荒れ狂う炎の只中でさえも金の蓮華は根を張り得る」と記されています。この名高い詩人は生涯を通じてうつ病と闘い，1963年に30歳で自ら命を絶ちました。

IN MEMORY
SYLVIA PLATH HUGHES
1932 – 1963
EVEN AMIDST FIERCE FLAMES
THE GOLDEN LOTUS CAN BE PLANTED

1972年

狂気の場所の正気の存在

デビッド・ローゼンハン（1929～2012）

私は今まで精神科の診断を受けたことがなく，精神疾患を患ったこともありません。しかし精神病院の入院受付に足を運んで，「空っぽ」「うつろ」「ドシン」といった言葉を発する声が聞こえると告げれば，現実との断絶を特徴とする深刻な精神病である統合失調症の診断を受け，入院させられるでしょう。

心理学者のデビッド・ローゼンハンと協力者7人は，このやり方で精神病院に入院することに成功しました。その目的は，狂気に陥った人向けの施設に正気の人が身を置いた場合，何が起こるかを研究することでした。正気の人を精神疾患の診断を受けた人と区別することはできるのでしょうか。

ローゼンハンの研究グループは心理学者3人に，画家一人，主婦一人，小児科医一人，精神科医一人，大学院生一人で構成されていました。彼らは疑われることもなく，それぞれ異なる精神病院12カ所に入院し，薬を処方されましたが，服用しませんでした。病歴を問われると，本当のことを話しました。入院中は，それ以前と同じようにまったく普通に行動しました。それでも精神科医や看護師に仮病だと悟られませんでしたが，ほかのたいていの入院患者には仮病を疑われました。偽の患者は全員，最終的に退院を許されましたが，それは本人が診断を「受け入れた」後のことでした。

この研究が1972年に公表されたのち，ローゼンハンは比較研究をしました。その際には，今後3カ月以内に偽の患者が入院すると病院に告げました。当該期間中に入院した193人のうち，85人が偽の患者と疑われましたが，実際には偽の患者は一人もいませんでした。

この研究は大きな論争を巻き起こし，精神科医という職業の信用が損なわれる事態を招きました。ローゼンハンは，精神医学の診断のあいまいさと不正確性は，診断を受けた人に長期にわたり負の影響を及ぼすと主張しました。特に有害だったのは，たとえ精神科医療従事者でも狂気の人と正気の人を区別できないという事実が，多くの事例で明らかになったことでした。

参照：アメリカの精神障害分類（DSM, 1918年），日常生活における自己呈示（1959年），女性と狂気（1972年），DSM-III（1980年）

ワシントンD．C．のセント・エリザベス病院。ローゼンハンの実験が行われた医療機関の一つです。

1973年

レジリエンス

ノーマン・ガルムジー（1918～2009）

「レジリエンス」とは，もともとエンジニアリングと物質科学の分野で使われていた用語で，圧力が加わったのちに物質がもとの形や位置に戻ることのできる能力を指していました。しかし，困難にうまく対処する能力という現代的な意味でも，1960年代後半から使われるようになりました。

アメリカ人の生活における一見異なる二つの流れが1960年代に融合し，レジリエンスの重要性が認識されるようになります。一つは，喫煙と肺がんのように，行動や生活様式とさまざまな健康状態の変化を結びつける新しい研究でした。もう一つは，特に人種差別をはじめとする社会問題により，公衆衛生と個人の健康のために驚くほど高額な費用がかかっているという意識が高まったことです。

双方の流れを融合させたのは，ノーマン・ガルムジーによる1960年代後半の研究でした。統合失調症の影響を受けやすい子ども（たとえば，貧困状態にあったり，統合失調症の親がいたりするなど）を研究したところ，これらの条件に合致した子どもはたいていの場合，統合失調症を発症しないことがわかりました。ガルムジーは特に，都市部のアフリカ系アメリカ人の子どもをはじめ，アメリカ社会で不利な立場に置かれがちな子どもを気にかけ，そうした子どもに関する初の研究を1973年に発表しました。まさにこれが，現代における心理的レジリエンス研究の出発点でした。ほぼ同時期に，アフリカ系アメリカ心理学者の新しいグループが，黒人の家族とコミュニティのレジリエンスなどの強みについて記述しました。

それ以来，レジリエンスを特徴づける多くの要因が研究で見つかっています。ある研究者はレジリエンスを「ありふれた魔法（ordinary magic）」と呼びました。つまり，ときには敵対的で脅威的な環境に適応すべく，人間が進化の過程で獲得してきたあらゆる側面がレジリエンスをもたらす要因になっているというのです。そのような防御因子としては，すぐれた対人能力，自信，積極的な世話などが挙げられます。より最近では，文化的要因はレジリエンスの経験面で重要であることも示されています。

参照：ストレス（1950年），黒人心理学（1970年），健康の生物心理社会モデル（1977年），ハーディネス（1979年）

一部の植物や動物は過酷な環境下でも生き残ることができますが，人間にも同じことが当てはまります。そのことは，3世代にわたる心理学研究で明らかになっています。

1974年

不確実性の下での判断

ダニエル・カーネマン（1934～），エイモス・トベルスキー（1937～1996）

ある友人が，とても魅力的で，穏やかで，思慮深い人とブラインド・デートをするようあなたに勧めます。デートしたいかどうかを，あなたはどのように判断しますか。認知心理学者は，複数のヒューリスティックの一つ，すなわち心理的近道を用いる可能性が高いと考えるでしょう。

Science 誌に1974年に掲載された論文で，心理学者のダニエル・カーネマンとエイモス・トベルスキーは，意思決定を容易にするために人がヒューリスティックを用いる方法を分析しました。研究の結果，人が頻繁に判断を誤る理由が以前より理解されるようになりました。さらに，人は科学で推定されるほど理性的ではないこともわかっています。この論文とその後の刊行物で，カーネマンとトベルスキーは知的レベルに関係なく，人が誤った直感の影響を受けやすいことを示しました。これにより，哲学，心理学，認知科学の研究の新しい領域が切り開かれました。彼らはその後，意思決定の研究に関心を向け，プロスペクト理論を導き出します。すなわち，人は最終結果ではなく，ヒューリスティックを用いて導き出した損得勘定に基づき意思決定すると唱えたのです。この理論は現代の行動経済学の誕生を促し，カーネマンは2002年にノーベル経済学賞を受賞しました（トベルスキーは1996年に亡くなり受賞を逃しました）。

ヒューリスティックの一例を挙げてみましょう。ラッシュアワーの時間帯に，一般道路と高速道路，どちらを使えば職場に早く到着するかを考えるとします。その判断をするために，自分が実際に運転して通勤したときの経験を思い出します。一般道路を行くほうが職場に早く到着するという考えのほうが先に思いつけば，そのほうがよいと判断するでしょう。これは利用可能性ヒューリスティックです。しかし実際には，高速道路のほうが早く到着することが多く，先に思いつくほうが適切な選択肢だとは限らないのです。

参照：精神分析（1899年），認知的不協和（1957年）

上：キューバ危機の最中に，800人の女性が集まり平和を求めたストライキ。ニューヨークの国連本部付近の47丁目にて（1962年）。　右：キューバ危機を脱した翌日の1962年10月29日，ホワイトハウスの西棟にて国防長官ロバート・マクナマラと協議するジョン・F・ケネディ大統領（左）。ピッグス湾事件は1961年のケネディ政権による悪名高いつけ焼刃の侵攻作戦で，頻繁に「集団思考」によるものであると説明されます。集団思考とは，集団内で同調圧力が働き，批判的評価やほかの視点に適切に注意を払うことなく意思決定を下すことを指します。

1974年

心理的両性具有の測定

サンドラ・ベム（1944～2014）

両性具有という用語は，男女両方の身体的・行動的特徴を示す人を指すために17世紀初期から用いられてきました。心理学的理論の文脈では，両性具有的な人格は，サンドラ・ベムにより1974年に定義され，論じられました。それまで社会では慣例的に男らしさと女らしさは相反するものとみなされていましたが，男らしさと女らしさの両方の特徴をもつこともあり得るということが提示されたのです。さらにベムは，両性具有の人格をもつ人は，厳密に性別分業をしている個人よりも柔軟に行動できるため，メンタルヘルスの面でもより健全な可能性があるという仮説を打ち出しました。

ベムは，両性具有の尺度として，ベム性役割目録（BSRI:Bem Sex Role Inventory）を1974年に発表しました。この尺度では，回答者は社会的に好ましいと考えられる男性的特徴（野心的，分析的，断定的など），女性的特徴（優しい，穏やかに話す，物わかりがいいなど），両性具有の特徴（良心的，誠実，友好的など）を説明するためのさまざまな言葉を提示されます。BSRIで男らしさと女性らしさの両方の特徴が同等数の項目で当てはまると，両性具有といえます。ベムは，男らしさと女らしさを直線上の両端に位置するものとみなす定説に異議を唱えました。しかしその尺度は，彼女自身が異議を唱えている男らしさと女らしさという構造そのものを強調するものだという非難を受けます。そしてこの尺度を用いた研究者は，発見したことの再現に苦労することもありました。

にもかかわらず，心理的両性具有の理論は実験研究の爆発的増加につながり，たとえ健全な個人でもジェンダーと生物上の性が完全に一致する必要のない別々のカテゴリーだという考えを促す一助になりました。

参照：性役割（1944年），ジェンダー・アイデンティティ（1963年）

アルダナーリーシュヴァラのイラスト。男神シヴァとその妃パールヴァティが合体した両性具有のヒンドゥー教の神です。最古のアルダナーリーシュヴァラの姿が描かれた時期は，紀元前1世紀のクシャーナ朝時代にまでさかのぼります。

1975年

精神神経免疫学

ロバート・アデル（1932～2011），キャンディス・パート（1946～2013）

免疫系は体内で監視・防御ネットワークとして働きます。免疫系は感染とその他の「異質な」侵入者から身体を保護しますが，関節炎などの自己免疫性疾患とも関係しています。精神神経免疫学（PNI:Psychoneuroimmunology）とは，健康と病気を理解するために免疫系，神経内分泌のプロセス，心理的要素の相互作用を研究する分野です。心理的要素が免疫系に影響を及ぼす可能性があることは，そう遠くない昔の1975年に心理学者ロバート・アデルにより発見されました。これは，吐き気を催させて免疫系を抑制する薬と一緒に甘い水を出すと，甘い水を避けるようになるネズミで初めて観察されました。アデルのチームは，甘い水を与えただけでもネズミの免疫機能が抑制されることに気づきます。これは，学習などの心理的プロセスが免疫系と関わりがあることを示しています。それから約十年後，神経科学者で薬理学者のキャンディス・パートが，神経伝達物質と免疫系が直接，相互作用していることを発見します。さらなる研究で，感情の状態と免疫機能の間に複雑なつながりがあることが示され，臨床的に不安，大うつ病，身体的健康との間に重要な関連があるかもしれないと示唆されました。

広義には，駐車する場所を見つけるなどの日常的なわずらわしさから自然災害に至るまで，多くのストレス要因が免疫能力や正常な免疫反応に悪影響を与えるおそれがあると研究で明らかになっています。より大きな問いは，ストレス要因が免疫系に及ぼす心理的影響が健康に違いをもたらす可能性があるかどうかということです。現在，ストレスにさらされている人は風邪，インフルエンザ，水ぼうそうに至るまで，感染症を患いやすくなることが多くの研究で示されています。冠動脈心疾患などの慢性疾患は，ストレスにまつわる免疫系機能の変調で悪化する可能性があります。特に，うつ病は免疫能力を著しく低下させるおそれがあると思われます。21世紀に誕生した，心身の真の関係に迫る最も顕著な科学分野の一つが精神神経免疫学だといえます。

参照：心療内科（1939年），ストレス（1950年），レジリエンス（1973年），健康の生物心理社会モデル（1977年），ハーディネス（1979年），心身医療（1993年）

波のトンネルをくぐり抜けるサーファー。1970年代から始まった研究で，健康を保つうえで，心理的要因，生物学的要因，免疫系などは密接に相互作用していることが明らかになりました。

1975年

学習性無力感

マーティン・セリグマン（1942～）

うつ病や憂うつは，少なくとも有史時代以降，人間のあり方の一形態でした。その原因に関する理論は，4種の体液のいずれかの過剰から，憂うつは自らに向けられた攻撃性であるとする心理学的説明にまで変化していきました。心理学者のマーティン・セリグマンは20世紀後半，人は自分が無力で，自らの生活の重要な側面を変えられないと悟ると憂うつに陥ると論じました。結果として，うつ病患者の行動と考えは消極的になり，困難に直面すると絶望感を抱き，受け身になります。悪い予感が現実のものとなることが多いため，無力感を強めるという点で，これは一種の**自己成就的予言**といえます。

セリグマンは実験心理学者として教育を受け，キャリアの初期には動物のモデルを用いて，人間以外の動物の精神障害に類似した状態を研究しました。学習性無力感の理論につながった研究は犬を用いて行われました。床に電流が流れる格子を張りめぐらせた特注のケージのなかに犬が入れられます。電流が流れると，中央の仕切りが上がるため，犬はケージの安全な側に移動できないようになっています。電気ショックが繰り返し加えられたのち，犬は仕切りがなくても安全な側に移動しようとしなくなります。このことからセリグマンは，つらい状況から逃れられない状態が，逃避が可能な状況でも一般化されると学習性無力感が起こると唱えました。

学習性無力感の動物実験は，臨床的うつ病を再現したものでした。セリグマンは1975年の著書『Helplessness（無力感）』で，動物実験を人間のうつ病と結びつけるモデルを発展させました。のちにセリグマンと同僚はこの理論を修正し，憂うつの原因となるのは制御不能な経験そのものではなく，うつ病患者が自分の経験を説明する方法だと述べています。このモデルから，うつ病患者の考えと予測を支援することを基本とした，効果的な治療法が生まれたのです。

参照：憂うつの解剖（1621年），認知療法（1955年），ポジティブ心理学（2000年）

フランスの画家コンスタンス・マリー・シャルパンティエが描いた『憂うつ』（1801年）

1975年

フィリピン心理学

アルフレド・ラグメイ（1919～2005），**ビルジリオ・エンリケス**（1942～1994）

フィリピンは300年以上にわたりスペインに支配されたのち，1898年から1946年までアメリカの統治下に置かれました。アメリカの支配から祖国が解放されると，大勢のフィリピン人は，自らの信念と価値観を純粋に反映した組織とアプローチを生み出そうとします。アルフレド・ラグメイとビルジリオ・エンリケスは，心理学の分野でこの取り組みを主導した人物です。ラグメイがマニラのフィリピン大学心理学部の学部長に就任したのち，アメリカで博士課程を取得したエンリケスがフィリピンに帰国します。二人は共同で，フィリピン心理学の分野を立ち上げました。この心理学のねらいは，長きにわたり西洋諸国の支配を受けてきたフィリピン人を精神的に独立させることでした。エンリケスが議長を務めた1975年の第1回目のフィリピン心理学全国会議を機に，正式に運動が始まりました。

ラグメイとエンリケスはフィリピン心理学研究・研修所を設立し，そこで何百人もの研修生がフィリピン心理学の開発に取り組みました。フィリピンの文化と一致する研究方法の開発は，フィリピン心理学界で最もすばらしい発明の一つとみなされています。エンリケスはプロジェクトが進むにつれ，手法の決定から始めて先験的な方法に合わせて問いを導き出す代わりに，適切な設計と方法論を「模索する」技術を確立しました。フィリピン心理学では同国の文化と歴史に基づき，心理学的知識が厳密には個人の心理的発達からではなく，協力関係の必要性から生じることが強調されます。参加者をデータではなく一人の人間として見たうえで，データを収集する前に，信頼関係と誠実な人間関係を築かなければならないのです。

ラグメイとエンリケスは，フィリピンの価値観をフィリピン心理学の中心に据えるべきであると主張しました。ヒヤ（礼儀），ウータン・ナ・ローブ（感謝と団結），そして最も重要なものとして共通のカプワ（アイデンティティ）の研究を特徴とし，たとえば，カプワによって尊敬に値する仲間として他者と接することができるようになるといわれます。相手が身内なのかよそ者なのかによって，交流の種類と深さも異なります。フィリピン心理学は，現在でもフィリピンに活力を与え続けています。

参照：儒教思想（紀元前500年），文化依存症候群（1904年），文化相対主義（1928年）

コミュニティのメンバーが協力して，家を新しい場所に移動しています。これは，現在でもフィリピンで実践されている伝統的なボランティア活動です。フィリピン心理学の一部である，文化と心理学的構成概念との間の密接な関係を示した1枚です。

1977年

健康の生物心理社会モデル

ジョージ・エンゲル（1913〜1999）

20世紀初めまでに，健康と病気のモデルは生化学を重視したものとなり，ヨーロッパと北米では病気の生理学が主流となりました。にもかかわらず，20世紀を通じて，社会的・心理学的要因も含めるように医療の分野を拡大しようと試みた人々がいました。1977年には，内科医のジョージ・エンゲルが病気と健康の生物心理社会モデルを唱えました。エンゲルは長きにわたり親交のある精神科医のジョン・ロマーノに感化され，内分泌科医ハンス・セリエによる人間の身体に対する**ストレス**の影響に関する研究に影響を受けました。また，生物学者のルートヴィヒ・フォン・ベルタランフィによる一般システム理論も引用しています。

厳格な医学訓練を受けたエンゲルは，1930年代末の**心療内科**という「笑止な」概念について非常に懐疑的な見方をしていました。しかし長年にわたりロマーノと研究を続けるうち，一部の病態では心理的要因が重要なのだと認めるようになりました。1950年代には，のちの研究にもつながる，保存－退避反応モデルの理論を初めて展開します。このモデルでは，生物への脅威，特に人間関係の喪失のような対人関係の脅威が退避を引き起こし，ひいては生理機能を低下させると考えられます。人間関係の途絶は強力な要因であり，深刻な病いに至るおそれすらあるのです。

モデルに欠点があったものの，エンゲルは健康における人間関係の影響の大きさについて考察を続けます。医師と患者の関係を含む，患者の個人的な人間関係を越えて，病院，近隣，町といったマクロなレベルでの人間関係について研究の領域を広げ，人間の健康はこれらすべての人間関係によって成り立つと提唱しました。エンゲルが1977年に*Science*誌で発表したモデルは，当初は物議をかもしました。しかし，やがて多くの医療従事者，特に健康心理学と行動医学という新たな分野で活躍する精神科医などに受け入れられたのです。

参照：心療内科（1939年），ストレス（1950年），心身医療（1993年）

貧しい出稼ぎ労働者だったフローレンス・オーウェンズ・トンプソンとその家族をとらえた有名な写真『出稼ぎ労働者の母』（1936年）。大恐慌がアメリカ庶民に与えた影響の大きさを思い起こさせます。

1977年

成人の認知的発達段階

K・ワーナー・シャイエ（1928〜）

20世紀の発達心理学の研究では概して幼児と子どもに焦点が当てられましたが，アメリカのベビーブーマーが年齢を重ねるにつれ，成人の発達に対する関心が高まりました。20世紀後半になると，認知，感情，社会的関係に関する研究により，人生の各段階で発達に大きな違いがあることがわかりました。この種の研究の典型例として，心理学者で社会老年学者のワーナー・シャイエが1977年に行った研究が挙げられます。彼は生涯を通じて，思考がいかに変化するかを説明した人物でした。成人は思春期の若者とは考え方が異なり，年齢を重ねるにつれて人の認知は変化を続けます。大まかにいって，人の思考は「何を知るべきか」から，「知識をどのように活用すべきか」「なぜ知るべきか」へと順に変化するのです。

人生の早い時期から**青年期**にかけて，人は知識を習得し，成人期に移行するにつれて思考は変化します。シャイエは，成人の認知的発達には六つの段階があると唱えました。成人期初期の人は「達成段階」にあり，知的能力を用いて目標を達成しやすく，大企業で管理職に就くこともあります。

成人期中期に移行するにつれて，知性はキャリアの目標と家族などの社会的責任を一致させていくために変化します。成人の認知力発達における「責任ある段階」です。成人期半ばには，複雑な思考が求められるような責任ある立場に就く人もいます。この「執行段階」にある人は大学を運営したり，大企業を率いたりと，規模の大きな社会システムに関与するようになります。

その後に訪れる「再統合段階」では，思考は人生とその目標の意味を理解することに向けられます。この段階にある人は，人生の多くの浮き沈みと意味と目的について，より遠大な問いを統合しようと努めます。年齢を重ねるにつれて「再編成段階」に入り，知的能力は健康や資源の減少を考慮し，退職後の人生を再構築することに向けられます。最後に，一部の人々には「遺産段階」があり，人生の終わりを予期します。この段階に入ると，知的資源は回顧録，信託財産の設定，科学的研究のための献体などを通じ，遺産を残すことに向けられます。シャイエらによる研究は，高齢化するアメリカ社会の政策の変革につながりました。

参照：道徳発達（1958年），人生の四季（1978年），生態学的システム理論（1979年），信仰の段階（1981年）

チェコの画家ヤロスラフ・シュピラーが描いた絵画（1904年）。老夫婦が人生のささやかな喜びを楽しむ様が描かれています。

1978年

人生の四季

ダニエル・レビンソン（1920〜1994）

心理学者のダニエル・レビンソンは画期的な著書『ライフサイクルの心理学』（1978年）で，「私が人生で成し遂げたことは？　私の中心的価値観は何で，それは私の人生にどのように反映されているのか？」と問題提起しました。レビンソンは男性40人を対象に経年的研究を行ったところ，年齢が40歳に近づくにつれてこのような実存的な問いが表面化する可能性が高いことを発見しました。女性を対象とした後年の研究でも，多くの同種の問題が存在することが示されました。レビンソンはこの種の問いとその背後にある心理的問題が，中年期のアメリカ人が人生で重大かつ劇的な変更を行うきっかけになっていると結論づけました。たとえば，過去のキャリアを捨てて転職する人もいれば，離婚を経て再婚したり，より深い精神的価値を求めて人生の方向転換を図ったりする人もいます。

レビンソンをはじめとする心理学者たちは，成人の発達の変化を科学的に研究しました。ゲイル・シーヒーが著した『パッセージ -人生の危機』（1976年）などの書籍のおかげで，この概念は有名な雑誌でも取り上げられました。一部のアメリカの成人にとって，中年期は中年の危機としてよく説明されます。1980年代までに，多くの科学書と大衆向け書籍でアメリカのベビーブーマー世代が体験した変化が述べられました。ある研究によると，アメリカ人男性の約12%が重要な変更を行う必要に迫られるような実存的危機として中年期を経験していない一方で，アメリカ人男性の約30%が自分たちの生活に不満を抱き，問題を他者に転嫁していました。

驚くべきことに，女性は一般的に中年期を危機の時代と認識していませんでした。むしろ，子どもが成人に近づくにつれて家庭での責任が軽減されたため，大勢のアメリカ人女性が中年期を新しい機会にあふれたものとみなしたのです。

より最近では，心理学者たちは成人の発達にはほかの形もあることを提唱しました。成人は前向きな成人発達，計画性のない変更，停滞，衰退という四つの発達段階のいずれか一つに至ると，多くの研究者が考えています。その結果はいずれも必然的なものではなく，むしろ人生で下されたいくつもの決断の末に生じるものといえます。

参照：成人の認知的発達段階（1977年），生態学的システム理論（1979年）

赤いオープンカーに乗る中年男性。アメリカ文化における中年の危機を体現しているかのようです。

1978年

思春期やせ症の謎―ゴールデンケージ

ヒルデ・ブルック（1904～1984）

信仰に伴う絶食は，中世では神に近づくために食べないという修行を意味しました。シエナのカタリナは信心深い受難者として最もよく知られた人物です。しかし現代では，理想の体形に近づくことが，このような考え方の動機になるように思われます。神経性無食欲症と神経性過食症は最も一般的な摂食障害で，どちらも女性で頻繁に見受けられます。発現する典型的な年齢は，15歳から24歳までの間です。摂食障害の有病率は西欧諸国で1950年代以降，劇的に上昇しました。

拒食症は体重管理へのこだわりを特徴とし，過度なダイエット，下剤の使用，自己誘発性嘔吐，浣腸，運動といった行動が見られます。結果として，健康維持に必要な適正体重を下回り，誤ったボディイメージをもつことになります。過食症では，下剤の使用，自己誘発性嘔吐などの極端な手段で，大食と浄化のサイクルを繰り返します。過食症患者は自分自身をコントロールできなくなり，大食をやめられなくなると報告しています。西欧諸国の少なくとも4％の女性が，専門的治療を必要とする深刻な摂食障害を発症するおそれがあります。

摂食障害の原因はわかっていませんが，メディアがやせた女性を「理想的」として描写したり，女性を性の対象とみなしたりしているのは事実です。ドイツ系アメリカ人の内科医ヒルデ・ブルックは，摂食障害の若い女性を「ゴールデンケージ（金のかご）」に入れられた鳥にたとえ，初めて摂食障害の心理学的説明と治療を行った医師の一人です。前掲の言葉は，自分は裕福な家庭に似つかわしくない「金のかごに入れられたスズメ」だと患者が告げたことに由来しています。ブルックは，拒食症の主な原因は患者の誤った思い込みで，彼らは自らの期待と両親の期待に応えられていないと卑下していると主張しました。ブルックは臨床研究に基づき，本人が自立を望む，または家族が本人の自立を望む場合，それに同調しようとする少女たちが摂食障害を患いやすいと論じました。自立の試みがうまくいっていないと感じると，自分でやれる唯一の手段である食事の制限を通じて，自立を表現するおそれがあります。ブルックの心理療法は患者とその両親がともに家族力動について知ることを促し，家族がより健全に機能するよう舵を切らせることを目指しました。これにより，小鳥は初めてゴールデンケージから解き放たれます。この疾患の治療には，認知療法と家族療法がどちらも効果的であることがわかっています。

参照：家族療法（1950年），認知療法（1955年）

拒食症などの摂食障害の有病率は西欧諸国で1950年代以降，劇的に上昇しました。主な理由は，メディアが栄養不良の女性を理想的だと描写したためです。

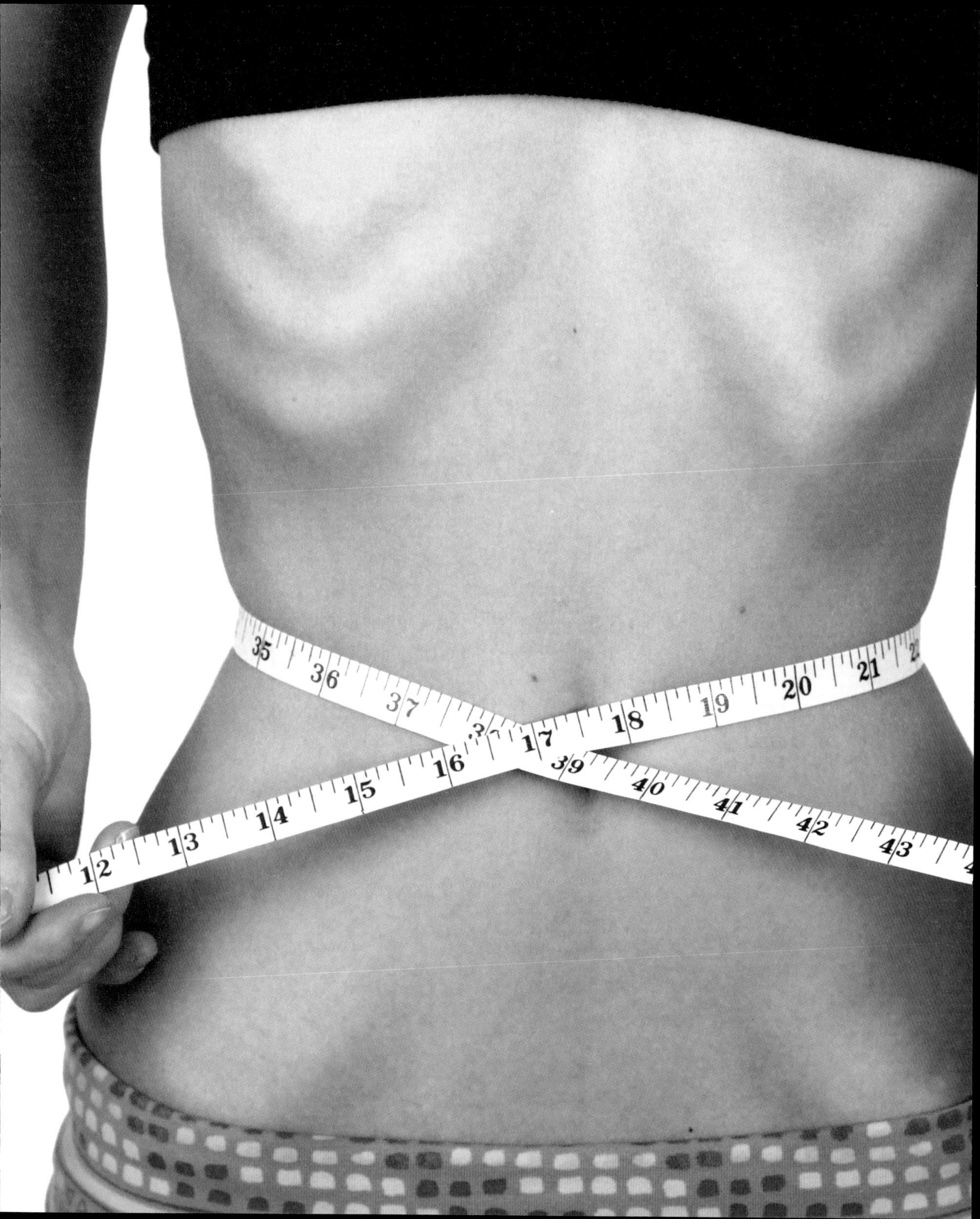

1978年

心の理論

デビッド・プレマック（1925〜）

社会性の発達において，他者が感じ，考えることを想像し，それらに従って反応する能力は最も重要です。現代の発達科学では幼児，子ども，チンパンジー，齧歯類《げっしるい》を対象に，この能力を約30年間にわたり徹底的に研究してきました。

発達心理学者は，この能力を心の理論（ToM:Theory of Mind）と呼びます。世界の主だった宗教のいくつかに見いだすことのできる原理ですが，心理学ではデビッド・プレマックとガイ・ウッドルフが1978年に心の理論について初めて完全に説明しました。厳密にいうと，心の理論とは，他者にも思考，信念，目的，感情があるのだと子どもが理解することを指します。心の理論なしには，社会的手がかりや他者の意図を理解することができません。これは**自閉症**の子どもによく当てはまります。

心の理論は，通常，定型発達児で4歳から5歳くらいまでに完全に発達します。赤ちゃんは生後7カ月から9カ月で，指さしや手を伸ばすなどの単純な動作によって，他者の注意を引くことができると学びます。科学者たちは，この時期に心の理論の発達の兆しが見られることを発見しました。幼児は1歳頃までに，他者にも意思があると理解し始めるようになります。しかし，他者の感情や思考，行動との間につながりがあると本当に理解するのは，4歳から5歳にかけてです。

神経科学者は脳イメージング技術を用いて，心の理論が発達するのは脳の前頭前野が急速に成熟する年齢とまさに一致することを発見しました。自閉症の子どもの脳の反応を向上させるのに役立つかもしれない介入はあるにせよ，これは自閉症の子どもには当てはまりません。

心の理論は，他者への共感と思いやりを示すのに欠かせないものです。人はこのおかげで，社会的に適切な行動をとれるのです。心の理論に関する研究は情緒発達と認知発達とも関わりがあり，子どもの社会性の発達を理解するのに大いに貢献しました。また，ミラー・ニューロンの理論が受け入れられる一助になりました。

参照：発生的認識論（1926年），ミラー・ニューロン（1992年）

健常児は4歳から5歳までに，人の活動が感情や思考と関係していることを学びます。これは共感と社会性の発達における重要なステップです。

生態学的システム理論

ユリー・ブロンフェンブレンナー（1917～2005）

アメリカの発達心理学はかつて，「奇妙な状況下で奇妙な行動をする子どもに，奇妙な大人がごく短時間だけ接する科学」と特徴づけられていました。こう述べたユリー・ブロンフェンブレンナーは，この不自然なアプローチの代替案を提唱しました。

ブロンフェンブレンナーは20世紀のアメリカで傑出した心理学者の一人です。彼はロシアで生まれ，アメリカで育ちました。1960年代後半，アメリカの発達心理学の偏狭で人工的なアプローチに苛立ちを覚え，子どもの生態学といえるものを説明するためにシステム理論を用いました。この理論では，現象を研究する際には，より広範な文脈との関係性において検討しなければなりません。理論の完全な詳説は，1979年に『人間発達の生態学（エコロジー）- 発達心理学への挑戦』として出版されました。

ブロンフェンブレンナーは，人間の発達は四つのネスト化[8]されたシステム内で生じ，各システムを単独およびほかのシステムとの関係の両面から考えなければならないと論じました。ミクロシステムは子どもの個人的環境で，親，仲間，子どもが直接交流する組織で構成されます。メゾシステムは，親と教師，親と子どもの仲間，または家族と宗教的組織など，ミクロシステムのさまざまな構成要素間の相互作用から成るシステムです。次に複雑なのがエクソシステムです。これは発達に影響を与える文脈になりますが，子どもが直接参加することはありません。たとえば，日中の保育の観点から子どもに影響を及ぼす可能性のある親の職場環境，親の出張の多さといった要素もこれに該当します。そして最後にマクロシステムは，子どもの選択肢を形成する可能性のある高等教育に対する政府の支援レベルなど，子どもの生活圏における大規模な文化的または国家的な状況です。

生態系モデルは，人間の発達に対する豊かな俯瞰《ふかん》的視点をもたらしました。これにより，人生がいかに複雑かつ豊かに形成されるかを，広義に考えられるようになったのです。

参照：心理的生活空間（1935年），ヘッドスタート（1965年），成人の認知的発達段階（1977年），人生の四季（1978年）

---

[8]ある構成要素がループして繰り返される入れ子構造を指します。

メリーランド州ケイトンズヴィルにあるエミリー・ハウス・ヘッドスタート・センターで，子どもたちと触れ合うジョージ・H・W・ブッシュ大統領（当時）。ブッシュ大統領はこの場で，1992年度にはヘッドスタート・プログラムに6億ドルを追加拠出する予定だと発表しました。ヘッドスタート・プログラムは1965年に始まり，生態学的システム理論で提唱された子どもの発達に関するさまざまな影響同士の密接なつながりを反映しています。

1979年

社会的アイデンティティ理論

ヘンリー・タジフェル（1919〜1982）

偏見の主な原因は，個人的な要因でしょうか。それとも集団帰属意識と集団アイデンティティでしょうか。社会心理学者のヘンリー・タジフェルは，偏見が生じる際の集団帰属意識の重要性について論じました。タジフェルはユダヤ人の両親のもとにポーランドで生まれましたが，同国を離れてパリで学び，大学院学位を取得しました。第二次世界大戦の勃発時にパリに在住していたため，フランス軍に入隊しました。しかし捕虜になって，終戦までナチスの強制収容所で過ごすことになります。彼は終戦後，家族全員がナチスに殺されたことを知ります。この経験が，集団間の行動と偏見が形成される過程に関する研究プログラムを始めたきっかけになりました。

タジフェルは戦時中の体験に基づき，帰属する集団の影響から偏見と憎しみが生じると信じていました。分類に関する初期の研究で，参加者をA，Bというラベルをつけて分類すると，両集団内の類似性についての誤判断と，異なる集団間の違いの誇張が起こることがわかりました。タジフェルはこの研究で，単に人々をある集団，または別の集団に分類するだけでも偏見が生じることに気づきました。参加者は自らの属する集団の優位性を主張し，他方の集団をおとしめようとします。タジフェルと教え子のジョン・ターナーは，1979年に出版された共著書の1章『An Integrative Theory of Intergroup Conflict（集団間紛争の統合理論）』を通じて，社会的アイデンティティの理論を発表しました。1982年のタジフェルの死後，ターナーはタジフェルの研究に新たな題材を追加し，それを1986年に『The Social Identity Theory of Intergroup Relations（集団間関係の社会アイデンティティ理論）』として発表しました。

タジフェルは研究結果を通じて，人は集団帰属意識から社会的アイデンティティを引き出したのち，集団帰属意識をもって自分自身をより肯定的に見るようになると論じました。そのための一つの方法が，肯定的なアイデンティティをもたらす集団に加わることです。別の方法は，自分が属する集団こそ最高であると主張することです。肯定的な自己評価をより確実にするために，人は自分の属する集団が別の集団とどれほど違うのかを誇張する傾向があります。集団帰属意識は自己評価にプラスの影響を及ぼす一方で，ほかの集団のメンバーを差別し，偏見を生み出すおそれもあるのです。

参照：服従と独立（1951年），接触仮説（1954年）

アーヘンの陥落後，ドイツ人捕虜の行進が破壊された通りから収容所まで果てしなく続きます（1944年10月）。ホロコーストが起こった時代に，社会心理学者ヘンリー・タジフェルは被収容者でした。この経験が，集団間の行動と偏見に対する問いかけにつながったのです。

1979年

ハーディネス

スザンヌ・コバサ・ウェレット（1947～）

心理学者は1970年代，人格と健康の関係に大きな関心を寄せるようになりました。シカゴ大学のスザンヌ・コバサ（現スザンヌ・コバサ・ウェレット）は，努力（ウィリアム・ジェームズ），生産的思考（エーリッヒ・フロム），十分に機能する人間（カール・ロジャーズ），自己実現（アブラハム・マズロー），コンピテンス（ロバート・ホワイト）といった従前の概念に基づき，個性，**ストレス**，健康，病気の潜在的な関係性を研究しました。コバサは自らの研究を通じて，ハーディネスという人格的な特徴が健康を維持するうえで重要な役割を果たす可能性があると論じました。彼女の1979年の論文『Stressful Life Events, Personality, and Health: An Inquiry into Hardiness（ストレスを伴う人生の出来事，人格，健康：ハーディネスに関する調査）』に刺激を受けた人々は，ストレスに対処する一助としての人格の役割について数々の研究を行いました。

連邦政府がアメリカ電話電信会社（AT&T:The American Telephone & Telegraph Company）の再編を命じ，イリノイ・ベル電話会社（IBT:Illinois Bell Telephone Company）がAT&Tから分離独立を迫られたときに，ストレスと人格の関係を探る機会が生じました。大勢の従業員の解雇を含む再編にどう対処したかについてIBTの管理職を調査したところ，コバサはこの出来事を端緒とするストレスの影響度は，人格によりかなり幅があることに気づきました。管理職はたいていの場合，ストレスのせいで病気になったり，その他の悪影響を被ったりしませんでした。コバサは，特定の態度や人格的な特徴がストレスの影響を和らげた可能性があると示しました。その後の研究で，ハーディネスは社会的支援，身体的運動と組み合わせると，ストレスと関わりのある健康問題の予防につながることがわかりました。

特にジェームズ，フロム，マズローなどの先駆者のように，性格は生活のあらゆる面で重要だとコバサは論じました。コバサは，ハーディネスとはコミットメント，コントロール，チャレンジという三つの態度で構成されると主張しました。コミットメントとは，分離や隔離とは異なり，他者と積極的に関わり，自分の人生の課題に取り組むことを意味します。コントロールとは受け身になるのをよしとせず，自分の人生に影響を及ぼし，人生を形づくろうとすることを指します。そしてチャレンジとは，悪い経験も含め，人生の経験から学ぼうとすることを意味します。コバサはこの概念化により，性格が健康にどのように影響を及ぼすかについて理解するのに大きく貢献しました。

参照：レジリエンス（1973年），精神神経免疫学（1975年），健康の生物心理社会モデル（1977年），心身医療（1993年）

アパルトヘイト時代の南アフリカの最後の大統領（当時）だったフレデリック・ウィレム・デクラーク（左）。その後任者であるネルソン・マンデラ（手を振っている人物）が，ペンシルバニア州フィラデルフィアにて聴衆を前にした演説の順番を待っています（1993年）。おそらくネルソン・マンデラほど，ハーディネスの概念を体現した人物はほかにいないでしょう。

配慮あるタスクのリーダーシップ・モデル

J・B・P・シンハ（1936～）

西欧の心理学界で長年続いてきたリーダーシップの研究は，民主主義のリーダーシップ・スタイルの優越性と魅力を確証したかのように思われました。しかし第二次世界大戦後，世界中に科学的学問としての心理学が広まるにつれ，この点への反論が唱えられるとともに，いくつかの問題が生じました。多くの国々で現地の文化と知的伝統を反映した心理学（**フィリピン心理学**など）を発展させる取り組みが始まったのです。

インドでは，J・B・P・シンハが，インドの家族関係と社会的関係に基づく組織リーダーシップ・モデルを発達させました。このモデルは，1980年に発表された論文『The Nurturant-Task Leader（思慮深いタスクを課すリーダー）』で初めて詳細に説明されました。シンハは，アメリカの典型的な社会心理学の伝統に浸かったオハイオ州立大学で博士号を取得しました。インドに帰国後は，インドの心理学界で重要な人物と目されるようになります。間もなく彼は，輸入された西洋心理学よりも，インドの文化的伝統こそが同国の職場環境における微妙な心理学を理解するうえで最適な基盤となると気づきます。インドでは意義は他者との関係性と密接につながっており，人生の目標は自然と社会の両方との調和を見いだすことだとシンハは主張しました。これは上司（またはリーダー）と従業員の関係の基盤にもなっています。

シンハは1970年以降，リーダーシップの研究と，それがインドの実業界で果たす役割について焦点を当てました。シンハと彼の研究グループは，インド人が配慮あるタスクのリーダーシップ・モデルによく反応すると示しました。このモデルでは，上司やリーダーが従業員と人間関係を育めば，高い生産性が見込まれます。リーダーはこれにより，部下の自発性を向上させ，リーダーに依存しない人材の開発を促すのです。この管理スタイルはインド文化の依存パターン，関係を個人化する傾向，身分意識を反映していると，シンハは主張しました。そして，このスタイルを採用すれば，インドの職場の生産性がどれほど劇的に向上するかを示したのです。

参照：文化相対主義（1928年），フィリピン心理学（1975年）

ワシントンD.C.に建つマハトマ・ガンディーの像（2008年）

1980年

DSM-III

アメリカ精神医学会は同性愛を精神障害ではなく性指向障害として分類するため，DSM-IIを1974年に改訂したのち，精神障害の診断と分類に対するアプローチを完全に刷新することにしました。結果的に，DSM-III（1980年）は，従前の二つの版とはきわめて異なるものとなりました。変更が加えられた最大の理由は，精神医学が研究を基礎とした学問になり，新世代のリーダーが研究と診断の指針となる診断マニュアルを求めていたためでした。この版以降，DSMの各改訂版では，研究に基づいた障害の基準が特に強調されるようになりました。刷新のもう一つの理由は，世界保健機関が発行したICDの内容に合わせるよう，アメリカ精神医学会に圧力がかかったためでした。

精神科医のロバート・スピッツァーがDSM-IIIの委員長に選ばれ，改訂の指揮に当たりました。彼が拠りどころとしたのは，ワシントン大学（ミズーリ州セントルイス所在）で実験室ベースの新たな精神医学のリーダーとして台頭していた精神科医たちによる研究でした。少なくとも1960年から何年もの間，大勢の若き精神科医が，精神医学を引き続き職業として存続させるには，フロイト派の精神力動論から距離を置く必要があると主張するようになりました。そのため，1世紀以上にわたり使用されてきたあいまいな用語「神経症」が，数例の障害に付帯する症状として説明される場合を除き，削除されました。

草案が作成されると，アメリカ国立精神衛生研究所はその信頼性を検証すべく実地試験を行いました。ほとんどの診断の信頼性が低いことが判明したにもかかわらず，同研究所は言葉を表面的に修正しただけで，マニュアルの作成を進めました。1980年に発行されたDSM-IIIでは診断可能な症例が大幅に増加し，265もの診断基準が記載されましたが，実際の実験に基づいて科学で裏づけされていないものばかりでした。その結果，のちにスピッツァーが指摘したように，本来は精神障害でない大勢の人々が精神医療のわなにかかるという嘆かわしい事態を招いたのです。DSM-III-R（1987年），DSM-IV（1994年），DSM-5（2013年）と版を重ねるごとに，マニュアルのページ数は増え，日常生活のますます多くの側面を網羅するようになっています。

参照：アメリカの精神障害分類（DSM, 1918年）

ルイ・ダリンプルが1898年に描いたイラスト『When Doctors Disagree（医師が対立するとき）』。昔ながらの「旧派の薬物治療学派」と「新派の精神治療学派」との間の対立を描いたイラストで，精神障害の理想的な治療法について，現代の精神科医と心理学者が異なる哲学をもっていることを反映しています。

"WHEN DOCTORS DISAGREE."

MEDICINE MAN. — There ought to be a law passed to squelch you humbugs!
MENTAL HEALER. — I 'm no more a humbug than you are. Neither of us is infallible; but I do far less harm than you do!

1980年

心的外傷後ストレス障害（PTSD: Post-Traumatic Stress Disorder）

ベトナム戦争からの帰還兵について，「戦闘の壊滅的なストレスは心に傷を残し，それを癒やすには時間と対峙が必要です」と言及した言葉がありますが，ベトナム戦争以前とそれ以後の戦争に従軍した兵士にも同じことがいえます。第一次世界大戦では，両陣営の何千人もの兵士が**シェルショック**として分類される深刻な精神的苦痛を経験しました。その後の第二次世界大戦中には，何十万人もの若いアメリカ人兵士が戦争神経症または戦闘神経症と呼ばれる精神疾患で苦しみました。しかし，ベトナム戦争の退役軍人が抱えた問題はさらに深刻で，帰還後も何年にもわたり重度の症状が続きました。それ以前の戦争の終結後に比べ，薬物乱用，配偶者への暴力，離婚，自殺の件数が多かったと報告されたのです。

不運にも，ベトナム戦争の終結から間もなかった頃，ほとんどの精神保健専門家は，退役軍人の問題が戦後も長く続くことはないだろうと考えていました。当時発行されていたDSMには，戦争，自然災害を問わず，トラウマが残るような体験を味わった人の症状を説明する用語が特に見当たりませんでした。しかし，ベトナム戦争に従軍した何千人もの退役軍人が苦しみ，家族と国家の社会構成員に実害を与えたことは明らかです。たとえば，ベトナム戦争から帰還したある軍曹はフラッシュバックのせいで，自分のいるショッピングモールが北ベトナム軍に攻撃されていると錯覚しました。彼は「攻撃者」を撃退しようとして，数名の警察官に発砲して負傷させ，自分自身も撃ち抜いたのです。

ナチスによるホロコースト，その他の災害，残虐行為から生き残った人々と同じく，1970年代後半には，退役軍人の研究と効果的な介入のために新たな診断区分を設けるべきだと精神保健の分野の専門家は考えるようになりました。心的外傷後ストレス障害は，1980年の**DSM-III**に初めて掲載されました。

参照：ヒステリー（1886年），シェルショック（1915年），ストレス（1950年）

1968年6月に撮影された印象的な写真。ベトナムのフエ市で軍事作戦が実行されている最中に，第5海兵連帯第2大隊のH歩兵中隊所属のD・R・ハウ（ミネソタ州グレンコー出身）が，上等兵D・A・クラム（ピッツバーグ州ニューブライトン出身）の傷を治療しています。ベトナム戦争が大勢のアメリカ兵士に及ぼした心理的影響を説明する用語として，PTSDは使われるようになりました。

1981年

信仰の段階

ジェームズ・ファウラー（1940〜2015）

燃える茂みで神と邂逅したモーゼは指導者として生まれ変わりました。ブッダ，聖パウロ，ムハンマドの人生にも同じく劇的な信仰の変容が起こりました。信仰は劇的でなければならず，人生の旅の途中のさまざまな時点で理解されて表現されるように，時間の経過とともに発達していくものなのでしょうか。発達心理学者のジェームズ・ファウラーは著書『Stages of Faith（信仰の段階）』（1981年）で，信仰が深まっていく際の劇的な側面と日常的な側面の両面を含んだ理論を詳説しました。彼は信仰の深まりに関する理論をまとめるに当たり，ジャン・ピアジェが提唱した認知発達の段階とローレンス・コールバーグの**道徳発達**の理論を引用し，人間の信仰には潜在的に六つの段階があると仮定しました。

第一段階では，幼い子どもは想像に導かれ，神の力を魔術的なものととらえます。第二段階は一般的に幼児期の中期から成人期に見られ，神話と宗教に関する物語をそのまま真実として受け入れる信仰で特徴づけられます。第三段階が，多くの人にとって最後の発達段階です。この段階は慣習的で，主に社会秩序を維持するために正しい行いをすることで，自分の存在意義を明確にします。第四段階では，信仰は独自の思考と道徳を表現する手段になります。たとえば，アメリカ南部出身の白人男性が自らの文化圏の人種差別主義を否定し，人種間の平等に向けた社会的活動を行うことも，これに該当します。第五段階の信仰は，より高度な認知的複雑性によって特徴づけられます。これにより，信仰を続けながら矛盾を受け入れることができますが，中年になる前にこの段階に達する人は稀です。

最終的に，ごくわずかな個人だけが正義，同情，愛情に満ちた信仰を，あらゆる宗教的教義を超えた普遍的なレベルにまで発展させます。こうした信仰は，高次の理想を実現するために，殉教のような極端な個人的犠牲につながる可能性があります。第六段階に達した人物の例として，マザー・テレサ，イエス・キリストが挙げられます。

信仰の段階に関する研究で，**青年期**の信仰の発達と個人的アイデンティティとの間に重要な結びつきがあることが判明しました。ファウラーの理論が示唆するように，信仰が成熟した段階にある成人は，生命を脅かす病気にうまく対処できるようになります。クリフォード・スウェンセン，ステッフェン・フラー，リチャード・クレメンツが1993年に報告した研究では，より高次の信仰の段階にある患者は，低次の段階にある患者よりも全体的に生活の質が高く，夫婦仲もより充実したものになることが明らかになっています。

参照：発生的認識論（1926年），道徳発達（1958年），人生の四季（1978年）

プロイセンの画家で建築家のカール・フリードリッヒ・シンケルが描いた『Gothic Church on a Rock by the Sea（岩の上のゴシック様式の教会）』（1815年）

1982年

もう一つの声

キャロル・ギリガン（1936～）

人は実生活のモラルジレンマをどうやって解決するのでしょうか。キャロル・ギリガンは1960年代後期にハーバード大学の心理学の講師に就任したときに，この問いに興味を抱きました。ローレンス・コールバーグの**道徳発達**に関する研究が，彼女の関心に火をつけたのです。コールバーグの研究は，「正義指向の推論」と呼ばれる最高レベルの道徳的推論能力をもつ女性は，男性ほど多くないことを示しました。しかし，ギリガンは自分の研究を異なる方向性でとらえようとしました。コールバーグの参加者が架空のモラルジレンマについて回答したのに対して，ギリガンは妊娠中絶をすべきか否かという現実のジレンマに直面している参加者に聞き取り調査をすることにしました。

研究の過程で，彼女は驚くべき洞察を得ました。コールバーグの手法で女性のスコアが低かった理由は，その手法が完全に男性参加者の結果に基づいていたからでした。にもかかわらず，コールバーグの研究結果は普遍的な基準を示すものとみなされていました。研究が男性の視点に偏っていたため，ほかの様式や形式の推論能力があることを見落としていたのです。ギリガンは，参加者から聞き取った推論の様式を「ケアの倫理」として説明しました。すなわち，大勢の女性が中絶すべきか否かを決める際には，（赤ん坊の父親である）相手を傷つけるかどうかではなく，相手との関係を維持することに価値があるかどうかが基準となると述べたのです。

ギリガンは自らの研究と結論を1982年の画期的な著書『もうひとつの声ー男女の道徳観の違いと女性のアイデンティティ』にまとめ，女性の道徳的意思決定プロセスは，すべて男性基準の枠組みのなかで構築された一般的な心理学的理論にはほとんど当てはまらないと論じました。彼女はその概要を示すとともに，ケアの倫理は一般的に女性が用いることが多いものの，人の発達全般で重視されるべきものだと提唱しました。彼女の研究は性差に関する議論に今でも影響を与えています。しかし，おそらくより重要なのは，従来の心理学理論の基盤がたいていの場合，男性を中心に据えていたのを露呈させたことでしょう。

参照：道徳発達（1958年），ジェンダー・アイデンティティ（1963年）

ドイツの画家で建築家であるハインリヒ・フォーゲラーが描いた『Reverie（欲望）』（1900年）。キャロル・ギリガンは，道徳的問題にまつわる発達の重要な性差を詳説するプロジェクトを立ち上げました。現在，このプロジェクトは大規模なものとなっています。

1983年

多重知能

ハワード・ガードナー（1943〜）

知能とは一般にｇまたはｇ因子として知られる単一の能力なのか，あるいは複数の異なる認識能力の集合として理解すべきかという議論が，長年にわたり近代心理学で繰り広げられました。20世紀のほぼ全般にわたり，アメリカでは知能は単一の能力とみなす考え方が主流でした。ところが，心理学者のハワード・ガードナーの独創的な著書『Frames of Mind:The Theory of Multiple Intelligences（精神の機構：多重知能理論）』（1983年）が発表されると，知能の性質に関する議論は一変します。

ガードナーは美術教室での体験をきっかけに，知能が単一であるという概念を再考するようになりました。彼はその後，ハーバード・プロジェクト・ゼロに関与します。ハーバード教育学大学院のこのプログラムは，芸術分野の教育を向上させ，世界について学び，知る方法としての教育を促進することを目指していました。さらに，脳に外傷を負った人々の脳機能について研究したことが，認知発達，芸術，脳が働く仕組みを関連づけるのに役立ちました。ガードナーはこの関連づけをもとに，音楽的知能，論理・数学的知能，言語的知能，空間的知能，身体・運動感覚的知能，内省的知能，対人的知能という七つの異なる知能があると提唱します。1999年にはさらに少なくとも三つの知能，霊的知能，実存的知能，博物学的知能が存在する可能性を唱えました。外傷により，ほかの知的機能は完全に維持されているのに，ある種類の知能の働きを失う人もいることからわかるように，それぞれの知能について独自の神経脳ネットワークが形成されるのです。

また，文化も人の知能を表現するうえで重要な役割を果たします。サハラ以南のアフリカなど一部地域の社会では対人的知能が高く評価され，これが高ければ非常に知的だとみなされます。かたや，西欧社会では言語的知能が高く評価され，語学力の高い人がとても賢いとみなされます。

ガードナーの理論は大きな影響力を発揮し，子どもの教育的ニーズに対するアメリカの教育者の考え方を変えました。従来の単一知能の理論への挑戦にガードナーが成功したのを機に，ダニエル・ゴールマンのこころの知能指数のような，ほかの知能モデルへの門戸が開かれたのです。

参照：社会的個体発生論（1992年）

フランスの画家エドガー・ドガが描いた『Ballet, As Seen from a Box（オペラ座のボックス席から見たバレエ）』（1885年）。バレエは難易度の高いパフォーマンス・アートで，精密な動きとポワントの技法で構成されています。プロのバレエダンサーになるには，すぐれた身体・運動感覚的知能を備えたうえで，何年も指導を受ける必要があります。

1984年

フリン効果

ジェームズ・フリン（1934〜）

世界の知性は向上しているのでしょうか。ニュージーランドの政治学教授ジェームズ・フリンは1984年に，知能指数のスコアが世界規模で上昇していることが研究でわかったと発表しました。この発表が行われた当時，ほとんどの科学者はきわめて懐疑的な反応を示しましたが，さらに詳しい研究と多数の後続の研究がフリンの説を裏づけました。知能指数（IQ:Intelligence Quotient）スコアは，10年ごとに約3ポイント上昇していました。さらに，比較的開発が遅れている国からきわめて裕福な国に至るまで，多くの国々で同じ傾向が見られたのです。

これが事実だとしても，ゲノムの変化として説明することはできません。進化がこのように早いペースで起こることはあり得ないからです。遺伝子は間違いなく知能に影響を及ぼしますが，いわゆる「フリン効果」の説明にはなりません。フリン効果が起こる原因について見解は割れていますが，一つの説明として，今では世界中の人が学校の教育課程と試験に慣れ親しんでいることが挙げられます。ただし，環境の変化がIQスコアの上昇の主な誘因である可能性は高いでしょう。たとえば，世界の至るところで，栄養学と医療の分野に大きな発展が見られました。これは栄養学と医療にもともと遅れのあった地域の知能指数の上昇を説明するのに役立つでしょう。しかし，先進国と富裕国でも同じように知能指数の上昇が見られるのはなぜでしょうか。考えられる説明は，世代を重ねるごとに，子どもはますます情報化する環境で成長しているということです。人類の文化はこれまでになく洗練され，複雑になり，人は生涯を通じて，あらゆる物事について複数の視点から見ることを余儀なくされています。

当然ながら，フリン効果には論争があり，現在もさまざまな結果が報告されています。イギリスの研究では1990年代以降の青年期のIQスコアが低下した一方，10歳未満の子どものスコアは上昇していることがわかりました。フリン効果は実証されたものの，変化を続ける文化的規範と人口動態から見た発達基準が知能とどのように関係しているかについては，まだ研究の余地が残っているといえます。

参照：心理学原理（1890年），ビネー・シモン知能検査（1905年），ウェクスラー・ベルビュー知能検査（1939年），行動遺伝学（1942年），ヘッドスタート（1965年）

アメリカの保健福祉長官（当時）キャサリン・セベリウスが，4歳のヘッドスタートに参加している生徒たちに読み聞かせをしています。メリーランド州アデルフィにあるクール・スプリングス小学校のジュディ・ホイヤー幼児教育センターにて（2011年）。ヘッドスタートのようなプログラムが貢献したことは確かですが，知能検査のスコア上昇の原因については盛んに議論が交わされています。

News and Announcements.
Good morning boys and girls.
Today is Th
The weather is
sunny windy rainy cloudy
will share today.
write the letter

1986年

タッチセラピー

ティファニー・フィールド（1941～）

人類はその誕生以来，互いに触れ合ってきました。人類学者のアシュレー・モンタギューが画期的な著書『Touching:The Human Significance of the Skin（タッチング：人間にとっての皮膚の重要性）』（1971年）で示したように，触れることは古代の癒しの施術でも必要不可欠でした。中世ヨーロッパでは何世紀もの間，高貴な人物が触れる「ロイヤル・タッチ」は病人を癒すと信じられていました。最近になって触れることの科学的研究が進み，健康を保ち生存するうえで重要な意味があることが示されました。

心理学者のティファニー・フィールドは第一子を未熟児で出産したときに，赤ちゃんをなでることは成長と発育によい効果があると気づきました。この点に興味を引かれたフィールドは，触れることの影響について研究を始めました。初めに未熟児について研究したのち，研究対象はさまざまな病気で苦しむ人々へと移りました。フィールドは1986年に，未熟児に触れることの影響に関する大規模な研究を発表しましたが，その際にマッサージを受けた乳児は平均して47％体重が増加することを発見しました。さらに，マッサージを受けた乳児はそうでない乳児よりも，起きているときに活発で動作も生き生きしていて行動範囲も広いことがわかりました。彼女はこの結果に驚き，さらに研究を続けます。この発見は，触れることの影響に対する従来の理解に変革をもたらしました。

当時の西欧の病院では未熟児は保育器に入れ，基本的な世話をする以外は放っておくことが一般的でした。触れることは未熟児の神経を高ぶらせ，刺激が強すぎると考えられていたのです。フィールドによる子どもの発育に関する観察とその後の研究は，この慣行を全面的に変えました。フィールドと共同研究者は初期の研究で，未熟児が1日に3回15分間，背中または手足を優しくマッサージされると，マッサージを受けていない乳児よりも体重が約50％早く増加することを突き止めます。ほかの乳児より授乳量が多いわけではないのに，同じ現象が見られました。この初期の研究と後続の研究で，神経系の発達の面でも触れることの有益性が認められ，体重増加の効果はその後も続くことがわかりました。この研究は病院の慣行を大きく変えました。現在では，未熟児，満期出産児にかかわらず，両親が乳児を抱っこしてマッサージするように推奨されています。

初期の研究以降，人に触れる治療は注意力を向上させ，抑うつを緩和し，痛みを和らげ，乳児，成人にかかわらず免疫機能を高めることが示されてきました。触れることは明らかに重要であり，それなしには人の生存自体が脅かされるおそれさえあります。

参照：（代理母の）母性愛（1958年），愛着理論（1969年），ストレンジ・シチュエーション法（1969年）

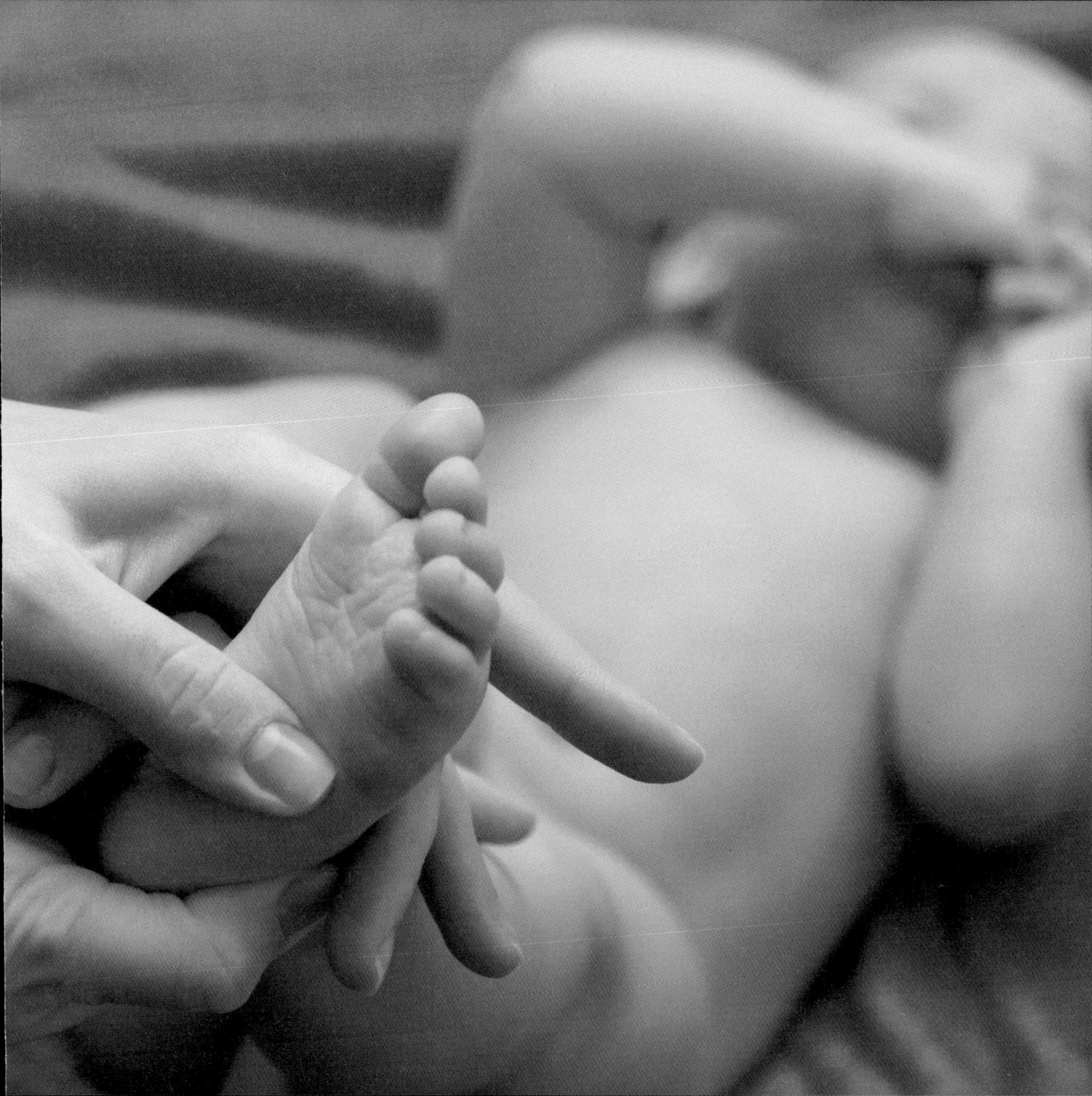

心理学者のティファニー・フィールドの研究で，マッサージは乳児の体重増加，免疫機能の向上，身体的活動の増加といった有益な影響を及ぼすことがわかりました。

1986年

愛の三角理論

ロバート・スタンバーグ（1949～）

20世紀後半になるまで，西欧の心理学者たちは愛というトピックを頻繁に論じませんでした。しかし当然ながら，何千年にもわたり愛はあらゆる文化圏における関心事でした。換言すると，現代的な愛と結婚は，西欧社会で生まれた比較的新しい概念といえます。

西欧における愛の概念は，少なくとも2000年にわたり哲学，宗教，慣習によってモデル化されてきました。結果として，ロマンチックで結婚後に心身ともに結ばれる愛こそ，最も理想的とみなされました。ほかの文化圏では，ロマンチックな愛を受け入れる一方で，それが結婚の理由として特に強調されないこともあります。これは，親が結婚相手を選ぶことがあり，時間の経過につれてロマンチックな愛が育まれると期待されるヒンドゥー教の社会に当てはまります。

中世では恋わずらいが問題視され，夫婦や恋人たちは教会，両親，コミュニティなどへの献身に焦点を当てるよう促されました。この時期の貴族社会では，姦通が愛の究極の形とみなされました。このように，現代的な愛の概念は，比較的最近生じたものだったのです。

心理学者のロバート・スタンバーグは1986年に愛の三角理論を提案しました。このモデルでは，愛には親密，情熱，献身という三つの側面があります。愛は人を知ることに基づくため，親密であることが欠かせません。情熱，欲望，性的刺激も重大な意味をもちます。一緒にいようという決意は，認知の面からいって献身と永遠の愛の根拠となります。こうした愛の各側面は時間の経過とともに盛衰すると，スタンバーグは提唱します。性的魅力は，少なくとも最初のうちは関係の成功に必要不可欠なものであると考えられます。ある心理学者は，「愛の90％は，まだ充足されていない性的願望によるもの」であると論じています。

愛の三角理論は，愛のあらゆる形を説明できる可能性があります。たとえば，ロマンチックな愛は親密と情熱，友愛は親密と献身の組み合わせです。そして完全な愛は三つの面すべてを含んでいるのです。

参照：感情の普遍的な表現（1971年）

イタリアの画家フランチェスコ・アイエツが描いた『接吻』（1859年）。ロマンチックな愛を描いた作品です。

解放の心理学

パウロ・フレイレ（1921〜1997），**イグナシオ・マルティン＝バロ**（1942〜1989）

貧困に対して，また貧しい人々や社会から取り残された人々のニーズに注意が払われていないことに憤った民衆が，20世紀半ばの中南米で抗議活動を起こしました。やがてこれは，ローマカトリック教会による解放の神学と呼ばれる運動につながっていきます。当時，解放の神学と並行して発展した解放の心理学では，コミュニティの活動と社会正義の実現のため，社会科学を応用することが強調されました。それに関与した大勢の心理学者のなかでも，イエズス会士の心理学者イグナシオ・マルティン＝バロは特に重要な人物です。真の知識は抑圧された人々の状況を変えることに関わりがあると，マルティン＝バロは主張しました。彼によると，この種の心理学的知識は解放の原動力になるのです。

マルティン＝バロは，ブラジルのパウロ・フレイレによる既存の研究と意識化の概念から着想を得ました。意識化とは，政治構造が人間の精神をいかに抑圧するかを批判的に認識することです。この抑圧の認識が，個人的な心理的成長と社会をより公正なものにする取り組みにつながる可能性があります。それは私的にも文明化の面でも，実現可能なことに対するアイデアを新たに切り開きます。イエズス会から中南米へ司祭として派遣されていたマルティン＝バロの研究を，エルサルバドル政府は政権への脅威とみなし，アメリカで訓練を受けたエルサルバドル軍暗殺部隊に命じて1989年にマルティン＝バロとイエズス会士の同志6人を暗殺しました。しかし，マルティン＝バロの研究は現在も引き継がれ，世界中で論理，実践の両面で実効性を発揮する重要なものとなっています。

マルティン＝バロにならい，現在の解放の心理学も庶民のニーズに応えることを目指しています。マルティン＝バロの理論と実践の影響力は，彼を何としても亡き者にしなければならなかったという暗殺者の意図からも明らかです。マルティン＝バロの考えによると，心理学の理論と実践は中南米の根深い社会問題を対象とする必要があります。死後に英訳が発表された随筆で，マルティン＝バロは次のように述べています。

「心理学者として中南米の社会の発展に貢献したいと望むなら，庶民の暮らしと彼らの苦悩，願望，苦闘の観点から，理論的・実践的ツールを再設計する必要がある。人々の解放に貢献する心理学を発展させようとするあらゆる取り組みが，必然的に解放の心理学を生み出すことを，私たちは認めるべきである」

参照：黒人心理学（1970年），フィリピン心理学（1975年）

セグンド・モンテスとイグナシオ・マルティン＝バロへの賛辞が記された銘板。スペインのバリャドリッドにて。イエズス会士だった二人は正義，自由，平和を理想に掲げましたが，1989年11月16日にエルサルバドルで死亡しました。

SEGUNDO MONTES MOZO
IGNACIO MARTIN-BARÓ
SACERDOTES JESUITAS, CATEDRATICOS
DE LA UNIVERSIDAD DE "EL SALVADOR"
MURIERON POR SUS IDEALES, JUSTICIA,
LIBERTAD Y PAZ EN SAN SALVADOR, EL
DIA 16-11-1989
RECUERDO DE SU CIUDAD NATAL
AYUNTAMIENTO DE VALLADOLID

1990年

動物介在療法
（AAT:Animal-Assisted Therapy）

人間の心と行動の健康を向上させるために，動物を活用することの起源はおそらく先史時代にまでさかのぼります。犬，猫などの動物を飼いならすことは，喜びと愛情をもたらし，**ストレス**の緩和につながります。初期の精神病院でも，患者のメンタルヘルスを向上させるために動物が用いられていたことが古い記録でわかっています。たとえば，イングランドのヨーク療養所（1792年設立）では，設立者のウィリアム・テュークが患者の治療の一環として家畜を用いていました。1990年にはデルタ協会（現ペットパートナーズ）が設立され，治療目的のペットを取り扱う支援に当たりました。犬，猫，鳥，ゾウ，ウサギ，馬，イルカなど，実にさまざまな種類の動物が治療目的で活用されています。

長期にわたる健康心理学研究で，ペットを飼っている人は飼っていない人よりも身体の健康状態が全体的に良好で，精神も安定していることが一貫して示されたのを機に，本格的な取り組みが始まりました。現在まで，**自閉症**スペクトラムの症状の管理，高齢の入院患者の不安緩和，そして発達障害の子どもの問題行動を減らすためにペットが利用され，よい成果を上げています。

北米では，治療を目的として訓練を受けた動物を利用する療法は，正式には動物介在療法（AAT）といいます。AATの療法士は有資格の医療専門家で，具体的な目標を定めた個人ごとの治療計画を作成します。治療目的の介入方法は多岐に及び，人間の療法士とともに動物が患者に寄り添うだけの場合もあります。ほかにも，子どもが手術を受ける際など，痛ましい医療処置に臨む不安とストレスを緩和するためにペットが用いられることもあります。この種の介入では，不安が和らぐまで子どもは動物と触れ合い，遊ぶことができます。治療が行われる場所も，従来のプライベートな治療室から精神病院，刑務所，学校，老人ホームに至るまでさまざまです。

同様に，長期療養施設の入居者の生活の質を向上させるために，動物がよく用いられます。この場合は，入居者が動物と触れ合うことができるように，ボランティアが自分のペットを施設に連れてくることもあります。関連分野として，ペットの問題行動を減らすことを目指したペット療法もあります。

参照：ストレス（1950年），心身医療（1993年）

シオバン・マコーネルが息子のデレク・マコーネル一等兵との面会を待つ間，ローラ・リー海軍少将と触れ合っています。ウォルター・リード米軍医療センターにて（2011年）。同医療センターには3匹のセラピー犬が常駐しており，ローラ・リーはそのうちの1匹として，患者，家族，スタッフと働き，患者を見舞います。

フロー

ミハイ・チクセントミハイ（1934〜）

ガーデニングに完全に没頭している状態と，バスケットボールの試合中に「完全に集中」している状態の共通点は何でしょうか。いずれも，「フロー」を体験していることを示している可能性があります。フローとは人が最高の瞬間を生きている状態のことで，心理学者のミハイ・チクセントミハイによって発見されました。フローの最たる特長は，それを体験している人が自分にとってベストコンディションにあるということです。アブラハム・マズローの「至高体験」のように，フローとは今という瞬間に完全に没頭する体験なのです。

フローの概念につながる研究は1960年代に始まりました。当時のチクセントミハイは，視覚芸術家の創造プロセスを研究していました。彼は，画家が疲労や空腹をものともせず，一心不乱に絵を描いていることが多いことに気づきます。にもかかわらず，画家が完成した絵にほとんど関心を示さないこともよくありました。絵を描くことに熱中する行為自体が報酬であるかのようでした。そこでチクセントミハイは，この仮定を系統立てて研究することから始め，こうした現象が芸術，スポーツ，医療など，ほぼすべての分野の活動で生じる可能性があることを発見しました。

チクセントミハイの研究から，フローが起こる可能性を高める二つの条件が明らかになりました。一つ目は，本人が対処できる範囲で少しだけ難易度の高い課題をこなすことで，スキルを向上させること。二つ目は，活動の途中で継続的にフィードバックを与え，随時，調整ができるようにすること。これらの条件が満たされると，集中力が高まって心と身体の動きが一体となり，自分の内面に向き合うことになります。また我を忘れて活動に没頭するため，時間が経つのが早く感じられます。フローの状態にある人は，活動の結果や成果とは別に，それを行うこと自体に価値を見いだします。

これまでにフロー体験が生じる可能性を高める環境づくりが行われてきました。インディアナポリス州のキー・スクールでは，フロー・アクティビティ・センターが設立されました。同校の生徒たちは，あれこれうるさく言う教師や大人がいない環境で，各自が興味のある活動に打ち込むことができます。このセンターで行われた研究では，参加した子どもは以前にも増して自発的に学ぶことを楽しむようになったと報告されています。現在，ロサンゼルスのＪ・ポール・ゲティ美術館，日産の組立工場，イタリアのミラノの心理療法現場など，多くの場面でフローの原理が取り入れられています。

参照：欲求階層（1943年），人間性心理学（1961年），ポジティブ心理学（2000年）

カリフォルニア州ロサンゼルスにあるＪ・ポール・ゲティ美術館。フローの原理を反映して促進するための建築的特長を数多く取り入れています。

1992年

ミラー・ニューロン

ジャコモ・リゾラッティ（1937～）

猿は人まねをするでしょうか。猿，人間，鳥などの種には，ほかの個体の行動に鋭敏に反応する特殊な脳細胞があることがわかっています。これらの脳細胞はミラー・ニューロンと呼ばれ，21世紀には新たに心理学の刺激的な研究対象となりました。神経科学者のジャコモ・リゾラッティはパドヴァ大学の同僚とともに，ミラー・ニューロンを初めて発見しました。最初に彼らがこの発見を公表しようとしたとき，学術誌はほかの科学者の役に立たないとの理由で，論文の掲載を拒絶しました（最終的には1992年に発表されました）。

リゾラッティは，動物や人間がほかの個体（異なる種も含む）の行動を見ると，このニューロンが働く（または活性化する）ことを突き止めました。それゆえにミラー・ニューロンという名称がついたのです。ミラー・ニューロンはほかの個体のニューロンの活動を模倣し，それ自体が同じ活動をしているかのように働きます。たとえば，誰かがクッキーに手を伸ばしていると，それを見た人の脳もクッキーに手を伸ばしているかのように働きます。これは，人の知覚と活動が脳内で直接関連づけられていることを示しています。人間のミラー・ニューロンのシステムは生後1年間で発達しますが，そのことは乳児の模倣と養育者とのコミュニケーションに関連があると考えられています。現在までに，ミラー・ニューロンの詳細について多数の発見がなされています。そのうちの一つが，ミラー・ニューロンの活性度合いは観察者の運動能力と関わりがあるというものです。つまり，有名テニス選手のロジャー・フェデラーのプレイを観戦すると，テニスが得意な人の場合，脳内のミラー・ネットワークのニューロンが不得意な人よりも活発に働くということです。

科学者と哲学者はミラー・ニューロンに多大な関心を示しています。現在，このような特殊な脳細胞についての研究は，共感，**自閉症**，言語，他者の意図の理解などの仕組みを解明できる可能性があると期待されています。

参照：心の理論（1978年）

動物や人間がほかの個体が活動するところを観察していると，ミラー・ニューロンが働きます。ミラー・ニューロンは心の理論の発達にも一役買っています。

1992年

社会的個体発生論

A・バメ・ンサメナン（1951〜2018）

20世紀後半まで，南アフリカを除くサハラ以南のアフリカ諸国では心理学の発展は遅れていました。A・バメ・ンサメナンや少数の研究者による研究が1980年代に発表されるようになるまで，アフリカの心理学の多くは西洋人の個人主義的な視点を反映したものでした。そのなか，ンサメナンはほとんどのアフリカ社会で見られる，社会集団中心の世界観に根差した人間発達理論を展開しました。ンサメナンは著書『Human Development in Cultural Context:A Third World Perspective（社会的背景のなかの人間発達：第三世界の視点）』（1992年）で，人間発達に関するアフリカ人の理論は，主に社会的個体発生論に焦点を当てていると主張します。すなわち，コミュニティの文化的活動に参加する過程で，人間は発達していくと論じたのです。

アフリカ人は形而上学的段階と経験的段階の観点から発達をとらえます。霊的自我は受胎とともに生じ，人が名づけられた時点で失われます。次に経験的自我が取って代わり，その人が肉体的な死を迎えるまで存続します。最終段階は先祖の自我で，生者の記憶と儀式を通して自我が受け継がれます。一部の文化では，自我は転生することもあります。

社会的個体発生論[9]の理論で説明すると，経験的自我は新生児，社会的準備，社会的見習い，社会参加，社会的猶予，成人，そして最後に死という7段階から成り，各段階にはそれぞれ，コミュニティの文化的期待から生じる独自の発達上の課題があります。発達は相関的なもので，コミュニティとの結びつきが欠かせません。このモデルでは，人が完全に独立した個人となるためには社会的責任を果たす必要があり，子どもは社会で自分の責任を果たせるよう，年長者から手引きを受けます。

知能はどのように認識されるのでしょうか。子どもは成長の過程で，コミュニティに奉仕する課題が与えられます。成人と年長の子どもは，その課題をどれほどうまくこなすかを見守り，子どもがもっと複雑かつ困難な仕事を引き受ける準備ができるのはいつ頃かを見極めます。知能は社会で具体的にどのように役立つのかという観点から説明され，それがどう役立つか不明な試験の得点ではなく，その人が負える社会的責任のレベルで評価されます。

サハラ以南アフリカでは21世紀の初めまでに心理学理論，心理学研究，心理学応用が確立されました。ンサメナンがそうであったように，その多くは急速に変化する社会における人間の発達とその課題に焦点を当てていました。

参照：発生的認識論（1926年），心の理論（1978年），多重知能（1983年）

[9] 個体発生とは，個々の生物が誕生し，進化する過程。社会的個体発生論とは，それを社会の一員の個人という観点から論じたものです。

4人のマサイ族の子ども（姓名不詳, 2013年）。セネト・カルチュラル・ボマにて。マサイ族は東アフリカの遊牧民で, その社会組織は「年齢集団」で構成されます。つまり，同年代の若者が集団アイデンティティを共有するのです。

心身医療

ビル・モイヤーズ（1934〜）

有史時代より，人々は心身を病気と健康に関係するものとみなしてきました。その典型例として，気と陰陽の概念に基づく伝統中国医学，インドのアーユルヴェーダ療法やユナニ医学，古代ギリシアのアスクレーピオスの神殿などが挙げられます。17世紀には哲学者ルネ・デカルトの数々の著書によって初めて心と身体が区別され，それぞれの機能を研究しても宗教界から反発を買うおそれがなくなります。それからときを経て，アメリカで**精神療法**のムーブメントが起こり，再び心と身体の関係についての関心が高まりました。

1990年代までには，全人類を治療の対象とするさまざまな技術を取り入れた計画的な研究と慣習に言及するために，「心身医療」という用語が使われるようになります。この視点の変更について決定的な役割を果たした人物はいませんが，ビル・モイヤーズの1993年の著書『こころと治癒力-心身医療最前線』とそれに基づくテレビ番組が，何百万人もの世界中の人々にわかりやすい形で心身医療を紹介しました。この著書とテレビ番組を通じて，ストレス緩和，瞑想，**プラセボ効果**の影響力，西欧とは異なる治療慣行やその他の神秘的なトピックに関する情報が大衆にもたらされました。

アメリカの公共放送サービス（PBS:Public Broadcasting Service）で放送された同番組は高い視聴率を誇り，書籍もベストセラーになりました。『こころと治癒力-心身医療最前線』は，心の状態の健康と病気に与える影響について，アメリカ人が考えるきっかけとなりました。たとえばモイヤーズは，分子生物学者でマサチューセッツ大学医学大学院教授であるジョン・カバット・ジンの研究をアメリカ人に初めて紹介しました。カバット・ジンはストレス低減クリニックを1979年に設立し，何百人もの患者が各自の症状にうまく対処できるように禅に基づいたマインドフルネス・ストレス低減法の実践方法を教えました。マインドフルネスの概念を用いた治療法は現在，認知行動療法などの多岐にわたるヘルスケアの分野で実践されています。アメリカ連邦議会がアメリカ国立衛生研究所による補完代替医療センター設置を承認したときも，モイヤーズの影響力が大きく貢献しました。こうして20世紀末までに，心理的要素は健康を維持し病気を予防するのに必要不可欠な役割を果たすものとして，正式に認められるようになったのです。

参照：精神療法（1859年），心療内科（1939年），ストレス（1950年），プラセボ効果（1955年），健康の生物心理社会モデル（1977年）

病気と健康における心身の関係にまつわる理論は，少なくとも紀元前600年に見ることができます。当時のヨガの奥義書ではチャクラが意識の霊的中心として言及されていました。8世紀には密教によって，背骨から頭頂部に流れるチャクラの階層が紹介されました。

1994年

誤情報効果

エリザベス・ロフタス(1944～)

心理学者のエリザベス・ロフタスは古典的な一連の実験で，自動車事故の写真を参加者に提示しました。しかし，そのうちの半数には，実際に提示された「停止」標識の代わりに「ゆずれ」標識に言及するなど，事故について紛らわしい情報を与えました。誤った情報を示された人に後から尋ねてみると「ゆずれ」標識を見たと報告し，多くの場合は割れたガラスやけが人を見たことを覚えているなど，自分の説明に詳細をつけ足しました。

この誤情報の影響が確認されると，ロフタスは誤情報が与えられると記憶に何が起こるかを探りました。別の研究では，参加者に子どもの頃に迷子になり，親切な高齢の男性が両親を見つけるのを助けてくれたことを覚えているかと尋ねます。すると数日後，参加者は実際には体験していない誤った記憶を繰り返し語るようになったのです。

これだけなら，単に巧妙な研究として終わっていたかもしれません。ただし，当時のアメリカでは両親，親戚，養育者による子どもの性的虐待が多数報告され，大きな問題になっていました。有罪を宣告された被告が刑務所に収監されると一家は離散し，自殺者まで出ていました。

ところが，大勢のセラピストが記憶回復の手法を用いて，うつ病，頭痛，肥満，不安などの症状を呈する成人患者に幼少時の虐待を信じ込ませていたことが判明します。セラピストは，無意識の奥深くに抑圧されていた記憶を「回復」させる手助けをしていました。しかし，そのような記憶の回復は起こらないことが研究で示されたのです。

多くのセラピストが知らず知らずのうちに，誤記憶を患者に植えつけていたおそれがあります。大勢の子どもが虐待を受けたことを誰も否定しません。しかし，患者が実際に虐待を受けたことがなかったのに，いわゆる回復記憶によって家族やその他の無実の人々が刑務所送りになったケースが非常に多かったのです。

ロフタスは1994年の共著書『抑圧された記憶の神話 - 偽りの性的虐待の記憶をめぐって』で，虚偽記憶症候群に関する研究とその影響を述べています。実際は起こっていない虐待に関する記憶をセラピストがどうやって意図せず形成するのかを慎重に論じました。当然ながら同書は大きな論争を引き起こし，彼女の研究が職業生活を脅かすと考えたセラピストが，ロフタスに殺害予告をする事態にまで発展しました。

参照：記憶と忘却(1932年)，記憶の処理水準モデル(1972年)

ドイツのピンネベルク地区での交通事故(2010年)。目撃者の記憶に関するロフタスの初期の研究では，交通事故の動画を一部の参加者に見せたのち，その交通事故に関する紛らわしい情報を与えました。これにより，参加者が事故を思い出す際に誤情報が重大な影響を及ぼすことがわかりました。

Media Markt

1995年

人類のループ効果

イアン・ハッキング（1936〜）

同性愛，多重人格，自閉症などはどのように生じるのでしょうか。これらに分類された人々と，彼らに反応する人々の行動と自己観に，分類はどんな影響を及ぼすでしょうか。カナダの科学哲学者イアン・ハッキングは，人文科学の歴史からいくつかの例を用いてこれらの問いを探求し，「人類のループ効果」と呼ばれるものを実証しました。

ハッキングは，ある命名法が考案された時点で，さまざまな種類の人間が分類され，その存在が認められるようになると論じました。たとえば，同性愛の存在は19世紀末に認められるようになりましたが，それ以前に同性愛行動がまったくなかったわけではありません。その時代になって初めて，同性愛者と異性愛者を区別することが適切となったのです。こうして，ある特徴をもつ人を識別できるようになります。人々がこのような分類に関わったり，あるいは分類を変更したりするプロセスをループ効果と呼びます。ハッキングはこのプロセスに関する広範な研究成果を，1995年の著書『記憶を書きかえる - 多重人格と心のメカニズム』で発表しました。同書には，解離の経験が多重人格障害[10]という精神医学的な分類に変更された歴史上の偶発的な出来事と，この新しい分類が人々の理解と行動に及ぼした影響について綴られています。

人類のループ効果は心理学で重要な意味合いをもちます。人類が自らの分類を見直し，変更し，新たな存在意義を見いだしているということは，心理学者の研究対象が常に変化していることを指すからです。心理学者自身も新しい分類を生み出す立場にあり，このプロセスに直接関与することも多いといえます。

参照：アメリカの精神障害分類（DSM, 1918年）

[10]1995年当時は多重人格障害という用語が用いられていましたが，現在ではその用語は使用せず，解離性同一性障害という用語を用いることが一般的です。

ドイツの画家アントン・ラファエル・メングス，またはその友人でイタリアの悪名高い女たらしのジャコモ・カサノヴァ作とされるフレスコ画『ゼウスはガニュメデスにキスした』（1758年）。古代ギリシアでは社会的に認められていた男色行為に成人男性と少年が耽っている様子を描いた芸術作品です。

1995年

ステレオタイプ脅威

クラウド・スティール（1946〜）

男性と女性は同等の能力をもっていると歴史的事実が示しているのに，数学の試験で大勢の女子学生と一部の男子学生の成績がよくないのはなぜでしょうか。ヨーロッパ系の学生よりも，教養と才能のあるアフリカ系アメリカ人学生の大学中退率が高いのはなぜでしょうか。アメリカの社会心理学者クラウド・スティールは1995年，可能性のある説明としてステレオタイプ脅威を提案しました。

社会心理学者はステレオタイプ脅威のことを，自分の行動によって自分が属する特定集団のステレオタイプを認めることにつながるのでは，という恐れとして定義します。この脅威の存在によって，失敗や成績不振の原因は個人よりも社会環境に帰するおそれがあることが示されています。つまり，数学は男子のほうが得意というステレオタイプが，数学の学力試験で女子の成績が下がる原因になる可能性があるのです。試験を受ける前にステレオタイプが提示されると，実際にこうなる可能性が最も高まります。ステレオタイプ脅威がもたらす負の影響は，運動競技，企業家精神，チェスの試合，その他の分野でも証明されています。

スティールが焦点を当てたのは，成績優秀なアフリカ系アメリカ人の学生に対するステレオタイプ脅威の影響でした。アメリカには，アフリカ系アメリカ人の知的能力について負のステレオタイプがあります。優秀な白人と黒人の学生に難解な英語の試験を課した一連の実験では，言語能力を評価するためだと前置きしてから試験を実施すると（ステレオタイプ脅威），アフリカ系アメリカ人の学生の成績は白人の学生より下回りました。知的能力の研究ではなく，難しい問題を解く方法を研究するためだと前置きしてから同じ試験を実施すると（非ステレオタイプ脅威），黒人の学生と白人の学生に成績差は見られませんでした。これにより，アフリカ系アメリカ人のステレオタイプ脅威を緩和する方法は，その試験または課題が人種的に公正であることを明確に伝えることだと，スティールは突き止めたのです。したがって，自分が黒人だから失敗したと思われるのではという黒人学生の懸念を軽減すれば，その学生の自信は高まります。

参照：軍隊の知能検査と人種差別（1921年），人形研究（1943年），接触仮説（1954年）

このアフリカ系アメリカ人学生が試験で不安そうにしている一因は，ステレオタイプ脅威かもしれません。

1996年

自律—関係的自己

シグダム・カギチバシ（1940〜2017）

西欧の研究者は，自己の文化的概念を独立的（西洋的）指向と集合的（東洋的）指向に二分する傾向にあります。つまり，アメリカで成長する子どもは自立心旺盛で主体的である一方，インドで成長する子どもは家族関係を重視する自己同一性意識を育む傾向があるとみなします。当然，このような二分論はあまりに単純すぎます。

トルコの発達心理学者シグダム・カギチバシは，自律−関係的自己というさらに複雑な第三のアプローチを提唱しました。心理学的発達のほとんどのモデルでは，自立した（または自主的な）成人としての自我を確立することが発達の目標とみなされていますが，これは西洋的な自己の概念を反映したものにすぎないと主張しました。また，カギチバシは西洋的なモデルに代わり，研究者たちは発達過程における変化をより幅広い文化的文脈から位置づけるべきだと論じました。過去100年間の近代化の影響を受けて，独立的指向と集団的指向とのギャップは縮まりつつあります。グローバル化によって，世界中の多くの家族は西洋的になりましたが，文化的伝統という強みのおかげで，家族同士の親密な関係も維持されています。これは過去の研究と好対照を成しています。過去の研究では，自律的自己と関係的自己が相反した真逆のものとしてよく対比されましたが，現在では研究により，人間の経験における自律的自己と関係的自己は調和可能であることがわかっています。自律的自己と関係的自己，さらに能力を加えた三つが，あらゆる社会で見られる人間の基本的ニーズなのです。

世界中の研究で，心身の健康を保つためには社会的ネットワークが重要だと強調されています。移民と難民の集団を対象に行われた研究は，人は親密な関係に完全に依存する一方で，自らを律する能力もあることを実証するうえで特に役立ちました。母国から新しい文化圏へと移住する人々にとって，受け入れ先の国と母国の文化が大きく異なる場合，自負心と親密な絆が組み合わされると，新しい社会に適応するという困難を乗り切るのに役立つ可能性があります。

カギチバシが1996年にこの理論を本格的に展開して以来，日本からオランダまで多岐にわたる文化圏で，自律ー関係的自己の理論の基本的アプローチが正しいことがほかの研究でも裏づけられてきました。

参照：文化依存症候群（1904年），文化相対主義（1928年），日常生活における自己呈示（1959年）

アメリカの彫刻家トム・オタネスが制作した銅像『Immigrant Family（移民の家族）』（1958年）。カナダのオンタリオ州トロントのヤング通り18番地に建っています。

1996年

エモーショナル・ブレイン

ジョゼフ・ルドゥー（1949～）

娘の誕生。ガラガラヘビを危うく踏んでしまいそうになった日。パリのポンヌフ橋で未来の伴侶にプロポーズしたこと。たいていの場合，これらの出来事は記憶に刻まれ，思い出すのが容易だと思われます。それはなぜでしょうか。脳の構成要素の一つである扁桃体は情動的記憶を司っており，人が情動的記憶を維持するのにきわめて重要な役割を果たしている可能性があると，神経科学者たちは次第に確信するようになりました。1996年には，神経科学者のジョゼフ・ルドゥーが画期的な著書『エモーショナル・ブレイン - 情動の脳科学』を発表しました。同書には，人の生活の情動的側面における扁桃体の役割について当時知られていたことがまとめられています。ルドゥーは，情動と扁桃体について約１世紀にわたり行われてきた研究を参考にしました。そのなかには，神経生理学者のジョン・フルトンと共同研究者のカーライル・ヤコブセンが行った，ベッキーとルーシーという名のチンパンジー２頭に関する有名な研究も含まれます。ベッキーは世界で初めて，攻撃的行動を抑制するロボトミー手術を受けた生き物です。この手術はほどなくして，何千人もの人間に対して行われるようになりました。

扁桃体は情動処理のポジティブな面とネガティブな面をはじめとする，状況の情動的な面を読み取っていると思われます。何百件もの実験研究で，扁桃体は恐怖を生じさせる状況で活性化することがわかっています。扁桃体と脳幹の神経連絡は密接なので，こうした刺激が検出されると回避行動が起こる可能性があります。また，扁桃体は情動の認知処理が行われる前頭葉まで突き出ています。最近の研究では，扁桃体が食べ物や性行動の機会に関するものなど，ポジティブな情動の検出・処理でも重要な役割を果たすこともわかりました。

おそらく最も重要な点は，扁桃体が海馬と密に連動していることです。海馬とは扁桃体に隣接する脳の構成要素で，記憶を呼び起こす際に重要な役割を果たします。したがって，記憶形成における扁桃体の役割はきわめて重要なのです。現在では，扁桃体の仲介により急激な感情の動きが起こると，記憶が長期にわたり残りやすいことがわかっています。

参照：精神外科（1935年），感情の普遍的な表現（1971年）

ルドゥーの画期的な著書は，情動記憶の形成において扁桃体（ハイライト部分）が果たす役割に焦点を当てました。

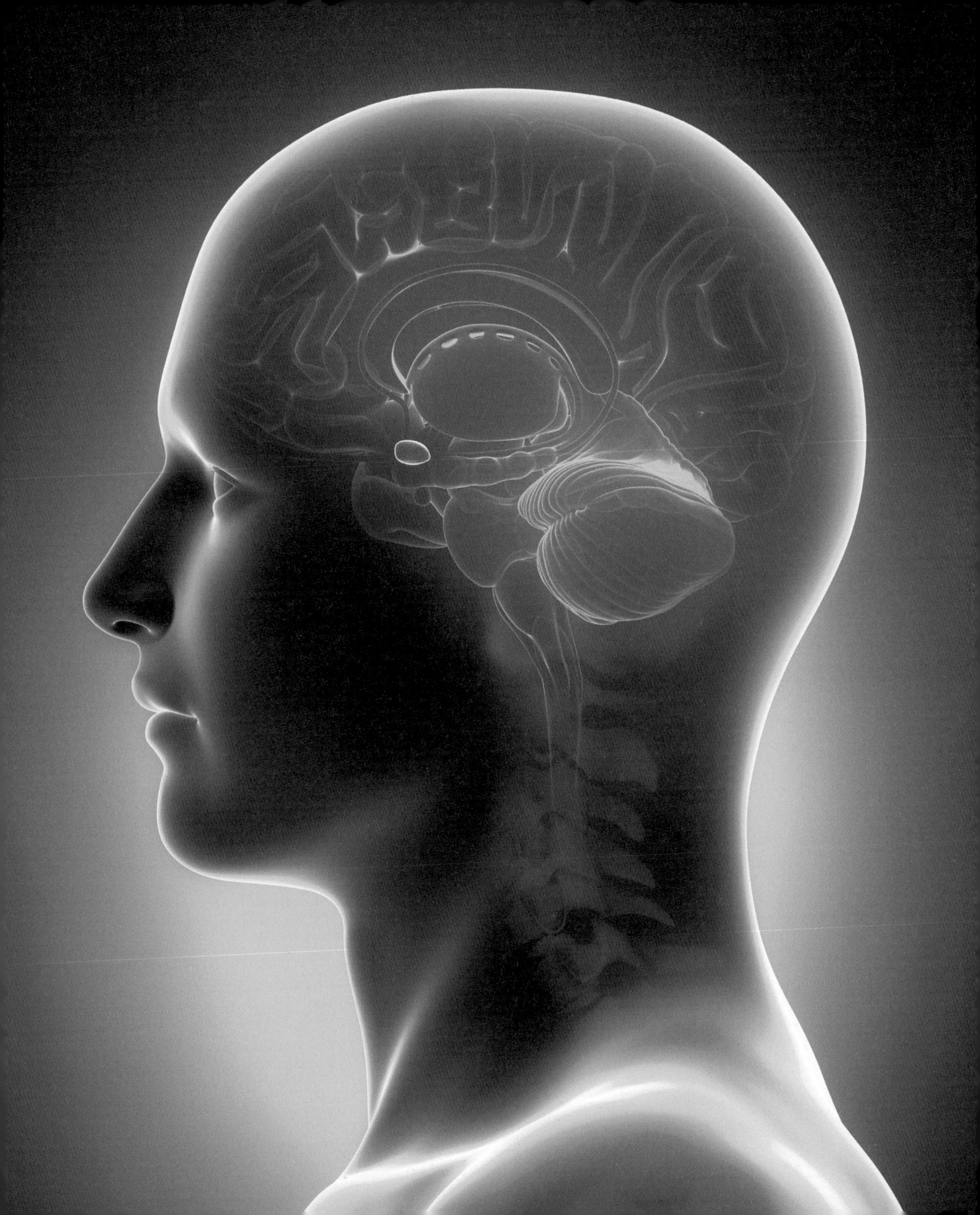

2000年

思いやりと絆

シェリー・テイラー（1946〜）

心理学者のウォルター・キャノンは，脅威と緊張に対する正常な反応は，闘争または逃走という形で特徴づけられると論じました。一方，内分泌学者のハンス・セリエは，危険な目に繰り返しさらされた人は**ストレス**を感じ，最終的には適応の失敗，消耗，さらには死に至ることさえあると警告しました。どちらの概念も，人間の健康を理解し，効果的な介入法を開発するのに非常に有益だと証明されました。ただし，これらは脅威とストレスという心理的経験について直接言及したものではありません。

社会心理学者のシェリー・テイラーは2000年に*Psychological Review*誌に発表した論文で，思いやりと絆という心理学的な概念を提案しました。この概念は，女性の健康と心理的要素の関係についての長年の研究に基づいていました。また，ストレスの多い危機的な状況下にある人間と動物の行動を理解するうえで，テイラーのモデルは有益だと証明されました。思いやりと絆のモデルでは，危機的な状況における基本的な心理的反応として，相互の協力，支援と配慮が見られると示しています。たとえば，ハリケーンが民家を破壊して生命を脅かすとき，一般的に金銭的援助や避難場所の提供，被害者を慰めるといった反応が見受けられます。

思いやりと絆の理論の興味深い点は，男性よりも女性のほうがこうした反応をよく示すと論じていることです。ネズミの場合も，脅かされたときに仲間同士で体を寄せ合って身を守ろうとするのはメスです。オスのネズミはこのような行動をとりません。テイラーは，これは脅威が生じた際にメスは最も脆弱《ぜいじゃく》な子を世話し守らなければならず，そういった進化の過程での経験を反映したものであると論じます。多くの生物種で，子孫のニーズに対応する可能性が最も高いのは母親または別のメスなのです。

生物学的には，ストレスの多い状況で，母乳分泌を促すなどの作用がある育児には不可欠なホルモンでもあるオキシトシンが分泌されることから，この反応を理解することができます。オキシトシンの効果は，別の女性ホルモンであるエストロゲンにより補強されます。オキシトシンの効果の一つとして，親和行動[11]を誘発することが知られています。新和行動は特に育児中のメスによく見られます。研究によると，ストレスの多い環境では女性は男性よりも他者と親密になろうとし，より協力的になる傾向があることがわかっています。

参照：ストレス（1950年），レジリエンス（1973年）

[11] 他者と仲良くなろうとする行動を指します。

海辺で身を寄せ合う二人の少女（2003年）

ポジティブ心理学

マーティン・セリグマン（1942～），ミハイ・チクセントミハイ（1934～）

ダメージを修復する，あるいは予防しようと試みるのは望ましいことでしょうか。人生は欠点や長所によって説明がつくものでしょうか。心理学ではこのような問いが重要です。長い間，アメリカの心理学界では予防よりも治療が重視され，人的資産を理解して育むことよりも，精神病理の分類整理に労力が費やされました。ところが，21世紀の初頭にポジティブ心理学が誕生すると，そうしたアメリカの心理学界に変化が起きたのです。

ポジティブ心理学の発展を担ったのは，マーティン・セリグマンとミハイ・チクセントミハイという二人の心理学者です。セリグマンの旅は，実験精神病理学の研究から始まりました。これは，動物のモデルを用いて人間の精神障害を理解しようとする研究を指します。セリグマンは生物がどのように**学習性無力感**を覚えるようになるかを論じたのち，1990年代初頭には楽観主義をどうすれば身につけられるかについて著しました。かたや，チクセントミハイはハンガリー生まれで，想像性や至高体験（**フロー**）の研究に長年を費やしました。ハワイのビーチの水中でチクセントミハイが悪戦苦闘しているところをセリグマンが見つけ，二人が出会ったのは有名な話です。彼らは2000年1月発行の*American Psychologist*誌の特別号に，科学に基づいたポジティブ心理学に関する一連の論文を寄稿しました。

協力関係が始まってから数年後，彼らは科学だけでなく，アメリカの心理学界で人間の長所に再び焦点を当てる運動を立ち上げました。この運動は，世界中の信奉者と科学者を引きつけました。ポジティブ心理学の研究で，知恵，勇気，優しさ，そして少なくともその他21項目にわたる人間の長所と美徳が分類整理されました。創造性の高い人や並外れた才能の持ち主を研究し，人を幸せにするもの，楽観主義の力，よい仕事の定義を明確にしたのです。また，市民の美徳や健全なコミュニティの必要性も強調しました。

振り返ってみると，ポジティブ心理学はそれ以前になされてきた心理学研究と実践なしには成り立ちません。未来に目を向けると，ポジティブ心理学を活用すれば，人類は資源が減少し競争がますます苛烈になる世界にも適応しやすくなるでしょう。

参照：人間性心理学（1961年），黒人心理学（1970年），フロー（1990年）

カリフォルニア州ラホヤにあるソーク研究所は，神経科学と行動に関する生物医学研究の分野で世界屈指の施設です。建築家のルイス・カーンが設計したシンメトリーのユニークな建物は，暖かい自然の光が中庭の両側から入るようになっています。ポジティブ心理学の楽観主義と人間の長所を最大化しようとする取り組みを象徴しているかのようです。

2004年

新成人期

ジェフリー・アーネット（1955〜）

心理学者のG・スタンレー・ホールは1904年に，10代の子どもの生理的・心理的特徴は独特なので，この時期を**青年期**という別個の人生の段階とみなすべきだと主張しました。それから半世紀後，心理学者のエリク・エリクソンは，成人期の課題である男女交際と職業選択に取り組む前段階として，青年期には個人のアイデンティティを確立するという心理社会的な課題が課せられると述べました。

先進国の一部の社会科学者は20世紀後半に入ると，青年たちがホールとエリクソンが唱えたとおりの道をたどっていないことに気づきました。青年たちは過渡期にあると思われ，アイデンティティ形成をはじめとする青年期の特徴も一部見られるものの，性経験をするなど成人の特徴も有しており，典型的には結婚していません。

クラーク大学（偶然にも，ホールが初代学長を務めた大学です）の心理学者ジェフリー・アーネットは1900年代に成人期初期について研究を始め，「若年成人」という分類は不正確だと結論づけました。つまり，通常は成人期を迎えた印と考えられる多くの決定や人生の選択が成されていない状態でも，成人期を迎えることはあり得るのです。アーネットは新しい人生の段階を説明すべく新成人期という用語を考案し，2004年の著書『新成人期：10代後半から20代への道のりは平坦ではない』で詳述しました。

新成人期の段階にある個人はたいていの場合，高等教育を通じて個人的アイデンティティを形成し，職業を選択しようとする過程にあると説明されます。半世紀前の同年代の集団とは異なり，この時期に結婚して子どもをもつことはめったにありません。アメリカでは新成人期にある個人の8割以上に性経験があり，半数以上が恋人と同棲しています。

参照：青年期（1904年），アイデンティティの危機（1950年）

心理学者のジェフリー・アーネットは，思春期後の人生を説明すべく新成人期という用語を考案しました。この時期，先進国の多くの人は高校卒業後も就職や結婚をしないままアイデンティティを追い求めます。

2008年

性的流動性

リサ・ダイヤモンド（1971～）

18歳のアンがレズビアンだとカミングアウトしたら，彼女の残りの人生の性的指向は固定され，常に女性だけに魅力を感じることになるのでしょうか。ゲイのコミュニティは長年にわたり，性的魅力を感じる対象は生物学に根差しているため変わらないという，固定的なアイデンティティ・モデルを主張してきました。そのようなモデルでは，アンの性的指向は今後ずっと変わらないことになります。

ところが，心理学者のリサ・ダイヤモンドが2008年にこの概念を覆しました。一連の論文とそれらに続いて発表した著書『Sexual Fluidity（性的流動性）』で，ダイヤモンドはレズビアンの女性，バイセクシャルの女性，どの分類にも当てはまらない女性，計79人の女性を対象とした縦断研究を報告しました。性的アイデンティティは固定されておらず，研究期間中も参加者の約2/3に変更が見られました。ダイヤモンドは，女性の性的魅力の感じ方に関する最も顕著な特徴は変動性があって，時間が経つにつれて変化することだと結論づけました。女性の性的アイデンティティは，男性のそれよりも生物学，環境，時間，状況の影響を受けやすいのです。ダイヤモンドの研究では，魅力を感じる決め手になるのは関係性だと多くの女性が報告しました。

ダイヤモンドはこの点を踏まえ，性的アイデンティティとは発達プロセスの一つだと仮定しました。人が同性の魅力を初めて認識するというのは，それはそれで非常に重要です。しかし時間の経過とともに自分の性的アイデンティティについて心配しなくなり，魅力を感じた相手と関係を深めていくことに関心が移ります。

ダイヤモンドはこの変動性を性的流動性として言及しています。女性にとって性的指向は固定された羅針盤のようなものではなく，実際にそうしたものはまったく存在しないと彼女は主張しました。現在は，性的魅力を感じる対象が経時で変化する人々を説明する適切な言葉として，「非限定的性的指向（nonexclusive attraction）」を提案しています。彼女の著書がきっかけとなり，流動性という新しい視点で女性のセクシャリティをとらえた多数の研究が行われるようになりました。

参照：キンゼイ報告（1948～1953年），人間の性反応（1966年）

スイスの画家シャルル・グレールが描いた『詩人サッポーの日没』（1867年）。有名なギリシアの女流詩人の裸身が描かれています。サッポーの詩と彼女の性的指向は広く知られていました。彼女の出身地レスボスは，同性に魅力を感じる女性を表す「レズビアン」という言葉の語源になりました。

2013年

BRAINイニシアチブ

バラク・オバマ（1961〜）

2013年4月2日，当時アメリカ大統領だったバラク・オバマはBRAINイニシアチブを発表しました。BRAINとは「Brain Research through Advancing Innovative Neurotechnologies（先端・革新的神経学技術を通した脳研究）」の略称で，脳の科学的理解を大幅に推し進めることを目指した新たな取り組みです。このプログラムを計画したオバマと科学者たちは研究成果として，脳機能の基礎科学に関する有益な洞察を提供するだけでなく，アルツハイマー病や外傷性脳損傷といった脳障害を処置，治療，予防する適切で新しい方法が開発されることを期待して開始しました。アメリカ国立衛生研究所，アメリカ国防高等研究計画局，アメリカ国立科学財団を通じて，このイニシアチブには多額の連邦資金（1億米ドル）が投じられました。アレン脳科学研究所，ハワード・ヒューズ医学研究所，ソーク研究所，カヴリ財団などの私立財団も，このイニシアチブへの資金提供に重要な役割を果たしています。

BRAINは，脳活動が起こっている状態をそのままマッピングしようとする試みです。実際にこのプロジェクトは計画段階にあったとき，「脳活動マップ（Brain Activity Map）」と呼ばれていました。2013年の発表時点で，科学者たちには数百のニューロン間の伝達を同時に記録する準備が整っていました。しかし，このプロジェクトの目標は数十万の脳細胞が互いに伝達し合うところをリアルタイムで解読し，記録することなのです。この研究により，複雑な神経回路が活動している間の画像を思考と同じ速度でとらえることができると期待されています。それが実現すれば，脳機能を人間の特定の行動と学習に直接結びつけるアプリケーションを開発できる可能性があり，結果として喫緊の課題とされている特定の脳障害への介入法を考案できるかもしれません。

このプロジェクトには新たな技術と手法の発明が不可欠です。イニシアチブに参加している科学界のリーダーたちは，そうした新技術を生み出す取り組みは，数学者やコンピューター科学者，遺伝学者，分子生物学者，その他さまざまな分野の科学者による共同研究によって具現化するだろうと見込んでいます。

参照：脳機能の局在性（1861年），脳イメージング（1924年）

オバマ元大統領のBRAINイニシアチブは，脳活動が起こったときの三次元マップを提供し，複雑な神経回路の機能と人間の行動や学習を直接結びつけることを目指しています。

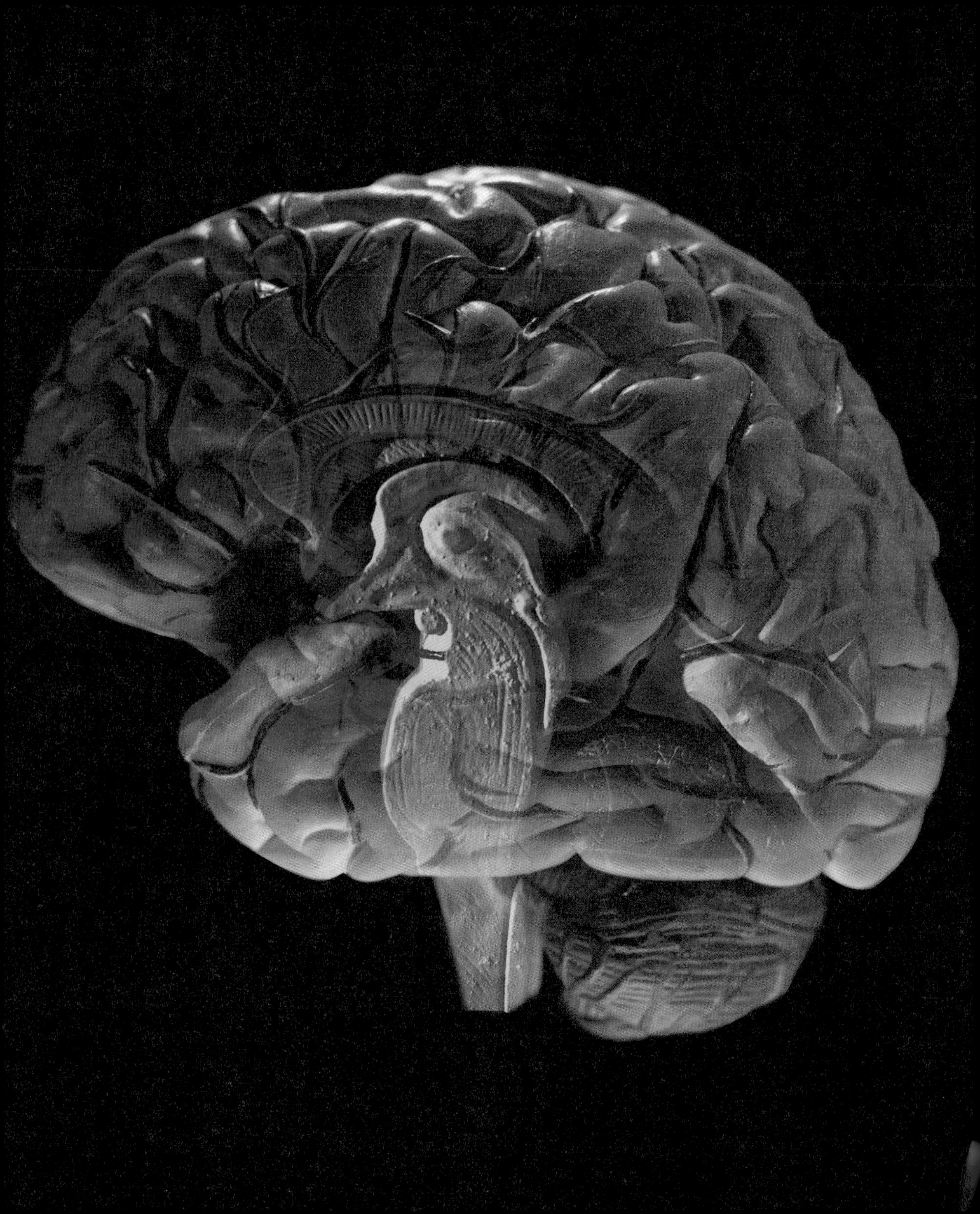

Photo Credits

Courtesy of the Author: 7, 103, 423, 137, 223

Courtesy of National Archives and Records Administration: 21, 35, 51, 89, 111, 115, 155, 175, 177, 185

Courtesy of National Library of Medicine, National Institutes of Health: 9, 43, 58, 59, 97

Courtesy of Prints and Photographs Division, Library of Congress: p.31 LC-USZ62-129059; p.41 LC-DIG-ppmsca-12818; p.71 LC-DIG- highsm-13090; p.77 LC-DIG-ppmsca-25923; p.95 HABS MASS,9-CAMB,25—2; p.109 LC- DIG-fsac-1a34951; p.135 LC-USZ6-1847; p.154 LC-USZ62-128465; p.165 LC-DIG-fsa-8b29516; p.179 LC-DIG-highsm-16040; p.183 LC-DIG- ppmsca-28689

Courtesy of Stephanie Machiwita: 25, 139, 147

Used under license from shutterstock.com: p.12 © justaa; p.23 © Stokkete; p.45 © Blend Images; p.57 © CLIPAREA / Custom media; p.61 © agsandrew; p.79 © Im Perfect Lazybones; p.85 © maxim ibragimov; p.107 © albund; p.129 © 2xSamsara. com; p.159 © EpicStockMedia; p.169 © racorn; p.171 © Sylvie Bouchard; p.173 © MNStudio; p.195 © Olinchuk; p.205 © Blue Iris; p.207 © Papa Bravo; p.209 © shooarts; p.215 © Lisa F. Young; p.219 © CLIPAREA / Custom media; p.225 © Aleshyn_Andrei; p.229 © James Steidl

Other Images: p.11 University of Toronto; p.15Vincent Steenberg/ Wikimedia; p.17 © Paul D. Stewart/ Science Source; p.19 Sotheby's (N08826)/Wikimedia; p.27 Wikimedia; p.29 John Atherton/Flickr; p.33 Jacob Baart de la Faille, The Works of Vincent van Gogh. His Paintings and Drawings, Amsterdam: J.M. Meulenhoff, no. 213, 1928; p.36 Max Planck Gesellschaft; p.37 © Superbass / CC-BY-SA-3.0 (via Wikimedia Commons); p.47 The Yorck Project; p.49 © Tomas Castelazo; p.53 Thomas & Dianne Jones/ Flickr; p.55 Silly rabbit/Wikimedia; p.63 Wikimedia; p.65 Morn/Wikimedia; p.353 liz west/Flickr; p.69 © Bettmann/Corbis; p.73 Piotr Wojtkowski/Pixabay; p.75 Grzegorz Wysocki/Wikimedia; p.81 gandhiserve. org/Wikimedia; p.83 NASA; p.87 Gerd Altmann/Pixabay; p.91 George Hodan/ Pixabay; p.93 Courtesy of Cornell Rare Books and Manuscripts; p.99 VICTOR VIC/Flickr; p.101 Cromemco/Wikimedia; p.105 Harvey W. Cohen/ Wikimedia; p.110 Amphis/Wikimedia; p.113 Israel National Photo Collection; p.117 Archives of American Art; p.119 Kunsthistorisches Museum/ Wikimedia; p.121 Wikimedia; p.123 Courtesy Society for Psychological Study of Social Issues; p.125 Cybershot800i/Wikimedia; p.127 Courtesy of Barry Applebee; p.131 Vassil/Wikimedia; p.133 © Christoph Michels; p.141 The Yorck Project; p.143 Dagoos/Wikimedia; p.145 ptwo/Flickr; p.149 jprw/Wikimedia; p.151 Tomf688/ Wikimedia; p.153 Konrad Summers/Flickr; p.157 Yann/ Wikimedia; p.161 Musée de Picardie/Wikimedia; p.163 Bonvallite/Wikimedia; p.167 Buchhändler/ Wikimedia; p.187 Alte Nationalgalerie/Wikimedia; p.189 Künstlerkolonie Worpswede/Wikimedia; p.191 The Yorck Project; p.193 U.S. Department of Health & Human Services; p.197 The Yorck Project; p.199 Lucien leGrey/Wikimedia; p.201 U.S. Navy; p.203 © Remi Mathis; p.211 Huhu Uet/Wikimedia; p.213 James Steakley/Wikimedia; p.217 © Tom Otterness/tomotterness.net; p.221 © Nevit Dilmen; p.227 Wikimedia

Cover Design: Elizabeth Mihaltse

Cover Image compsite: agsandrew/Shutterstock/ Pixabay/Piotr Wojtkowski

▍著者　ウェイド・E・ピックレン／ Wade E. Pickren
フロリダ大学にて心理学と科学史の博士号取得。現在はイサカカレッジのファカルティエクセレンスセンターのディレクター，および心理学史の編集者として従事。1998年から2012年までアメリカ心理学会の歴史家を務め，一般心理学会の会長としても任期を満了。さらに，ワイリー・ブラックウェル百科事典の心理学の歴史の編集長および心理学史協会の会長を務めた。ニューヨーク科学アカデミー，国際社会行動科学史学会，東部心理学会，心理科学協会などに所属し，心理学者の国際交流にも尽力している。

▍監訳者　川口 潤／かわぐち・じゅん
追手門学院大学心理学部教授。名古屋大学情報学研究科価値創造研究センター特任教授。名古屋大学名誉教授。博士（教育学）。京都生まれ。京都大学大学院教育学研究科を終了。専門は認知心理学。特に記憶に関する認知心理学研究を進めており，記憶と意識，エピソード記憶などの解明を進めている。著書に『よくわかる認知科学』（ミネルヴァ書房），『記憶（心理学概論）』（遠見書房），『記憶の制御（認知心理学ハンドブック）』（有斐閣），『潜在記憶（誠信心理学辞典）』，『人はなぜなつかしさを感じるのか（なつかしさの心理学）』（共に誠信書房）などがある。

▍訳者　大森佳子／おおもり・よしこ
翻訳者・ライター。日本外国語専門学校翻訳専攻科で翻訳を学ぶ。外資系企業勤務，雑誌記者，翻訳会社代表などを経て，現在はフリーランス。フィクション，ノンフィクションのさまざまなジャンルの翻訳に携わる。訳書にダニーロダ・クレメントーニ『地球への旅アザキスとペトリの冒険』，リドミラ・アナニーヴァ『健康と美のエッセンシャルオイル』（共にTektime）などがある。

▍訳者　久米佑天 ／くめ・ゆうてん
東京大学文学部卒業。大手学習教材制作会社にて英語教材の校正・翻訳の経験を有する。現在は株式会社Aプラス専属校正・翻訳者。

心理学超全史 下
～年代でたどる心理学のすべて～

2021年3月15日発行

著者　ウェイド・E・ピックレン
監訳者　川口 潤
訳者　大森佳子，久米佑天
翻訳協力　株式会社Aプラス
編集協力　合資会社 アンフィニジャパン・プロジェクト
編集　道地恵介，目黒真弥子
表紙デザイン　岩本陽一
発行者　高森康雄
発行所　株式会社 ニュートンプレス
〒112-0012　東京都文京区大塚 3-11-6
https://www.newtonpress.co.jp

ISBN 978-4-315-52342-3